を通じて教育支援を行っている志の高い人たちが、数多くいます。「教育を通じて子どもたちをどう変えるか」ということばかりに焦点が当てられがちな今の風潮の中で、子どもたちの前にまず教える側の自分たちが変わり、親御さんと先生、経営者が三位一体となって「草の根」から教育を変えていくことによって、日本の教育は大きく変わっていくと私は思います。

そこで不可欠なのが、教育の「最上位の目的」とは何か、つまり、何のために教育を行うのかということを、親御さんも先生も、経営者も、教育行政全般に関わる関係者たちもしっかり理解し、共有することです。

富士山には4つの登頂ルートがありますが、その中からどのルートを選び、いつ、どんなメンバーでどういう装備でチャレンジするかというのは、目的を達成するための手段の話です。

これと同様に、教育における「最上位の目的」さえ一致していれば、あとは、考え方や立場の違うさまざまな人たちの知識や知恵を集め、どんな手段が合理的かつ最適かを議論することで、日本の教育は変えられるというのが、私の揺るぎない信念です。

私は25歳で起業して以来、国内3社海外1社の会社を上場させてきた経験も経て、「人づくり」が企業経営の大きな仕事だということに気づき、国内外でさまざまな教育支援活動を手がけてきました。

そうした中で、これからAI（人工知能）の急速な発達により、コンピュータが人間を超える知性を持つようになる「シンギュラリティ（技術的特異点）」が到来し、人間の価値が改めて問われようとしている今、「なぜ日本の教育はこうも変わらないのか」と、内心忸怩《じくじ》たる思いを抱いています。

あまりにも変わらない日本の教育の現状を、外から変えようという一念のもと、本書で紹介するように、カンボジア政府からの多大なご協力をいただき、日本に先行して2016年に設立した「理想の学校」が、「地球益を目指す、志をもったリーダーを育てる」一貫校のCIESF Leaders Academy（CLA：シーセフ・リーダーズ・アカデミー）です。

今年で設立5年目を迎えたCLAで実現し始めていることは、ある意味で今日本に必要とされている教育を体現しようとするものであり、良い「お手本」になる可能性を秘めています。

本書を通じて、私たちが教育界の有志たちとともに進めているＣＬＡの活動も踏まえ、日本の教育に何が欠けているのか、今、子どもたちに何を教えるべきなのかを感じ取っていただけたら幸いです。

日本の教育の担い手である親御さん、学校の先生、企業経営者の皆さんと手を取り合い、「草の根」から日本の教育を変えていくことを、切に願うばかりです。

世界最高の人材を育てる「気づき」の教育

目次

第2章 カンボジアで実現を目指す「理想の学校」

第３章　今、日本の学校教育で何を教えるべきか？

第4章　親と経営者が変われば日本の教育は変わる

第5章　日本の教育をこう変えよう

第6章 「教える」教育から「気づき」の教育へ

第1章

日本の教育には「心」が抜け落ちている

私が教育支援に取り組む理由

この世の中で最も大切なものは教育であり、教育がすべての始まりだと私は思います。教育は、政治や経済、社会、文化、芸術という、人間のありとあらゆる活動の根幹をなすものです。

私自身は教育者ではありませんが、1980年に新日本工販株式会社（現・株式会社フォーバル）を25歳で設立して以来、経営者として人材育成に携《たずさ》わってきました。

1988年に当時、創業から日本最短記録で店頭登録銘柄（現・JASDAQ）に株式を公開して以来、情報通信分野でチャレンジを続け、国内3社、海外1社を上場させてきた中で、私は経営という仕事の多くの部分は人を育てることにあり、それはまさに教育だということに気づいたのです。

そういう体験から、私は、企業での人材育成を通じて教育という問題に興味を持つようになり、勉強を重ねるようになりました。

会社以外でも、「大久保秀夫塾」という経営塾をつくり、若い経営者の皆さんを中心に、経営とは何か、成功する経営者の条件とは何か、などについて教えてきました。

その一方で、私は子どもたちに最高の教育を提供する理想の学校をつくりたいという思いを抱き、実際に学校の設立プロジェクトにも携わっています。

たとえば国内では、次世代リーダーを育てることを目的に、福岡県内の経済界や教育界の有志たちが福岡県宗像市に設立を目指している、「志明《しめい》館小中学校」（仮称）の設立発起人に、東京からは唯一、私が名を連ねています。

また２００８年には、「真の愛情と情熱をもった世界レベルの教育者の育成」と「利他の心と国際的な視野をもった高度人材の育成」という理念に基づき、カンボジアを始めとする途上国の教育支援を行う公益財団法人ＣＩＥＳＦ（シーセフ／旧・一般財団法人カンボジア国際教育支援基金）を設立しました。

そのＣＩＥＳＦの事業の１つとして、２０１６年に「地球益を目指す、志をもったリーダーを育てる」という建学の精神のもとで、カンボジアの子どもたちに質の高い教育を届ける幼稚部・小学部・中学部一貫校のCIESF Leaders Academy（CLA：シーセフ・リーダーズ・アカデミー）の幼稚部を開校。２０１９年には小学部を開校しています。

ＣＬＡは、かつての内戦やポル・ポト政権の独裁政治などによって荒廃したカンボジアの教育を立て直し、国の未来を背負って立つリーダーを育成するモデル校として、大いに期待されています。

このように、私は今、経営塾「大久保秀夫塾」の塾長、「志明館小中学校」（仮称）の発起人、ＣＩＥＳＦの理事長およびＣＬＡの創設者という3つの側面から教育支援に取り組んでいるわけです。

現在の日本の教育は、戦後の高度経済成長期につくられた制度やシステムがいまだに使われ続けている状態で、今の時代に合わなくなってきています。そのため、これからの世の中の変化を見据えたものにつくり替えていかなければならないと思っています。

62歳のとき、私自身が脳梗塞という病を患《わずら》い、生き方を大きく変えられたということもありますが、これからの残りの人生を、私は教育制度の改革に費やしたいと考えています。

教育はすべての始まり――「人づくり」の原点に立ち返れ

持続可能な世界の実現を目指し２０１５年に採択された国連のＳＤＧｓ（持続可能な開発目標）に17個の目標が定められていますが、私は世界で起こっている問題の多くは、人間の「自分だけが良ければいい」「自分の国だけ良ければいい」「今だけ良ければいい」という考え方が根本にあるのだと考えています。利己的で刹那《せつな》的な人間の考え方が、紛争を生み、貧困を生み、環境の問題を生んでいるのです。世界の問題に対する対症療法も必要だと思いますが、根本的に問題を解決するためには、問題を解決できる利他の心を持った人材を育てることが絶対に必要なのです。人間が生み出してしまった問題は、人間が解決していくしかないのです。

そのため、私はＳＤＧｓの目標の中で、「質の高い教育をみんなに」という第４

の目標がもっとも大切で、他の問題の解決のためのかなめになると考えています。

環境の問題もジェンダーの問題も、紛争の問題も、教育をしっかり行うことで、時間はかかるにしても解決の方向に向かうことができるのです。しかし今は、教育をないがしろにしているために、さまざまな問題が解決するどころかもっとひどくなっているのが実情です。

こうした問題を、一気に変えていくすべはありません。しかし教育を通じて、子どもたちに「人は何のために生きるのか」、「人としてどうあるべきか」ということを気づかせていく中で、彼らや彼女たちが大人になったとき、今よりも素晴らしい社会を築いてくれるはずだと思うのです。

故に、教育を変えることが世の中を変えることであると、私は信じて疑いません。

日本では、教育の大切さを論じる際に、長岡藩の「米百俵」の話がよく例に出されます。江戸時代末期に起きた戊辰戦争（1868~1869年）で、新政府軍と戦った長岡藩は見渡す限りの焼け野原になり、困窮を極めました。

そんなとき、長岡藩の窮状を知った三根山藩（現在の新潟市西蒲区峰岡）から米百俵が見舞品として届きます。

米百俵が届き、食事にも事欠いていた藩士たちはほっとしましたが、その当時、藩の大参事という要職にあった小林虎三郎は、この米百俵を売却して資金をつくり、国漢学校を設立して藩士の子弟だけでなく、町民や農民の子どもにも分け隔てなく教育を行ったのです。

つまり、学校をつくって人をつくり、長岡藩を変えようとしたのです。

同じく幕末の長州藩で、吉田松陰が主宰した松下村塾は、小さな私塾だったにもかかわらず、高杉晋作や伊藤博文、山縣有朋《やまがたありとも》を始め、明治維新を主導し、新しい日本をつくることに力を尽くした多くの人材を輩出しました。

いわば松下村塾は、人をつくって日本を近代化し、国を変えることに大きく貢献したわけです。

本来、教育の目的はそのように、人をつくって社会や国を変えることにあるはずです。

ところが今の日本では、教育から人づくりという本来の目的が消え、生徒たちを「いい学校」に入れることばかりに一生懸命で、教育がどんどん刹那的なものになっているように見えなくもありません。

「人としてどうあるべきか」を、子どもたちにまず教えたい

私が、これからこの本で教育を論じる前に、読者の皆さんと一緒に考えたいのは、人は何のために生まれてくるのか、ということです。

私は、自分の存在を精一杯、社会のために生かしていくために人は生まれてくるのだと思います。

つまり、自分という人間が存在することによって人を幸せにし、その中で自分が喜びを感じて生きることが大切だと思うのです。

私は、子どもたちが、自分だけが幸せになるために、他人をおとしめたり、利用したりするような生き方をする人間にはなってほしくありません。

だからこそ、お互いがお互いを幸せにするために生きることで、お互いに喜びを

感じ合う人生を送れるような教育を行うことが必要ではないでしょうか。

だとすれば、人としてどうあるべきか、つまり人間としての「在り方」を教えることこそが、教育の本質だと私は思うのです。

ところが残念なことに、自分がなぜ生き、働くのかということが日本の教育現場で教えられることは、それほど多くありません。

これこそ、日本の教育から抜け落ちている最も大きなものであり、親も教育者も、企業で人づくりを行っている経営者も、「自分の行動が世のため人のためになっているのか」ということを、子どもたちが小さな頃から気づかせ、意識させることが大事だと思うのです。

加えていえば、「自分の存在を精一杯、社会のために生かしたい」とか「自分という人間が存在することによって人を幸せにしたい」、「世のため人のために行動したい」という思いは、志につながります。こうした志の大切さや意義を教えていくことも、今の教育にとって非常に重要であると、私は思うのです。

「在り方（How to be）」と「やり方（How to do）」を間違えていないか

その前提にもとづいて議論を進めると、私は教育とは、子どもたちにいかに知識を与えるかということと、人間性をいかに育てるかという、2つの側面から成り立っているのだと思います。

ところが今の教育は、子どもたちにどう知識を与え、受験に合格させるかという「やり方（How to do）」の部分にばかりウェイトをかけています。その反面、「自分はどういう大人になりたいのか」や「幸せとは何なのか」、「人間にとって大切なことは何か」という「在り方（How to be）」の部分にほとんど触れずに授業が進んでいる状況で、これでは教育として不十分だといわざるを得ません。

そういう、人としての「在り方」という軸が教育から抜けていることが、今世の中で起きているさまざまな問題の原因になっていると、私は思うのです。

１つ例を挙げると、知識はとても豊富なのに、「人としてどうあるべきか」ということをほとんど学んでいないために、平気でうそをついたりごまかしたりする人が、官民問わずどんな組織にもいるものです。

そういう人たちは、自分の身をいかに守るか、組織の安全をいかに守るかということに長《た》けてはいますが、それが本当に人として正しいのかどうかという判断ができていません。だから、その場その場で自分や組織を守るのに都合の良い、目先の判断を下してしまうのです。

また最近では医師にも、パソコンに表示された血液検査などのデータだけを見て、「この数値がちょっと高いね、この薬を出しておきましょう」といって、すぐに診察を終えてしまう人がいます。

個人的には、かつて「医は仁術」といわれたように、患者の顔を見て体の調子について話を聞いたりしながら診察してもらいたいのですが、「この先生は患者とではなくパソコンと対話しているのだろうか」と思うことが少なくありません。

これまでずっと知識偏重の教育が行われてきた結果、人としての「在り方」という軸が抜けたまま、情報やデータだけをベースにして物事が判断されていることで、世の中に数多くの問題が起きていると私は思うのです。

今、NHKの大河ドラマで放送されている『青天を衝《つ》け』の主人公である渋沢栄一翁に、『論語と算盤《そろばん》』という有名な著書がありますが、これは「算盤」として、お金を稼ぐことも必要であるが、「論語」として、道徳や社会性が大切だと説いているのです。

経営者は特にお金を稼ぐことに重点を置きがちではありますが、経済性だけを考えて道徳や社会性を無視することは間違っていますし、道徳や社会性だけを求めて経済性を無視するのは、企業としての継続ができなくなるためこれも間違っています。このように「論語と算盤」の両方があってこそ、社会に価値を生み出し続けることができるということなのです。企業の粉飾決算という問題1つを取っても、まさにその「論語」の部分である、人としての「在り方」から考えたら、そんなことはできないはずなのです。

現在の経営数字だけを見て、「粉飾決算をしても構わない」と思う人がいるかもしれませんが、人としての「在り方」を軸にした場合、「そんなことをしたら社員や社員の家族、お客様や取引先、ひいては社会の皆さんがどう思うだろうか」と考えるはずです。

本当に見るべきものを見ず、目先のことばかりを見ているから、不祥事が繰り返されるのです。

「在り方」は正しい行動をするための指針

もっというと、上司による部下へのパワハラやセクハラは、多くの場合、一時的な感情によって引き起こされていると思います。

そういう一時的な感情が心に湧き上がってきたときに、自分の家族や親を思い浮かべてみたらいいでしょう。自分が不祥事を起こそうものなら、「○×君のお父さんがセクハラを起こしたんだって」といわれて、子どもが学校に行けなくなるはずです。

自分がとった行動がどのような結果を生むかをしっかり考え行動できる人が、一人前の大人だと私は思います。

ところが、後先を考えずに一時的な感情や目先の損得にとらわれたり、データなどの目に見えるものだけをもとにして判断を下すと、あとで周囲に計り知れない影響を及ぼすことがあり得るのです。

周囲に対する影響まできちんと考えて物事を判断し、行動することが、人としてのあるべき姿であって、そういうことまで含めて教育が行われなければならないはずですが、これまでほとんど言及されていないと思います。

「人としてどうあるべきか」ということを、自分自身の心の中で常に問うような教育がなされていれば、不祥事は減っていくに違いありません。「人としてどうあるべきか」ということが常に頭の中にあれば、カッとして一時的に頭に血が上ったとき、「ちょっと待てよ」というブレーキが働くのです。

本章で先に触れた松下村塾にしても、「人としてどうあるべきか」ということを、まず塾生たちに教えていたのです。

人は「生きている」のではなく「生かされている」

では、「人としてどうあるべきか」という「在り方」を子どもたちに教えるにはどうしたらいいのでしょうか。

それは、「自分たちは生かされている」ということを、まず気づかせることだと思います。

人は生きているのではなく、生かされているのです。

そもそも人間は、太陽が放出している熱や光、地球の大気や水、月の引力の作用といった宇宙や自然からの恩恵を受けて、生かされているではありませんか。

人間社会に視点を移しても、あなたが会社の社長であるなら、社員やお客様、取引先といったステークホルダー（利害関係者）の皆さんに生かされていますし、同時に１人の日本人として、日本という国の中で生かされているのです。

このように、自分は周囲の人々のお陰で生かされていることに気づくことが大切で、まずそういう前提に立たなければ、「自分は自分の力で生きているんだ」とか「自分が社員を食べさせてやっているんだ」と、世の中が自分中心に回っていると勘違いしてしまうでしょう。

逆に、会社の社長なら、自分が会社をうまく経営できるのも、社員のお陰だと、本当の意味で思うことができれば、判断を誤ることもないはずです。一時的な感情に心を動かされ、やってはならないことに手を出しそうになったときでも、自分と周囲の人々との関係を思い浮かべて、「ちょっと待てよ」とブレーキをかけることができるはずです。

「自分は生かされている」ということを子どもたちに教えることは、日本の戦後教育の中でも、とくに軽んじられてきた部分かもしれません。

私自身は毎日、朝起きたらまず太陽に向かって「今日も頑張ります」といって一礼し、夜は月が出ている方向に頭を垂れながら、「今日はありがとうございました」と祈ります。

これは私がずっと実践している「祈りの経営」で、私は毎日、自然界に対して感謝の祈りを捧げているのです。

感謝という意味でいうと、私はフォーバルの本社や各拠点、グループ会社にはすべて神棚を置いてもらっています。「大久保秀夫塾」の塾生の皆さんにも、自宅や会社に神棚を置くことを勧めています。

オフィスに神棚を置くことに違和感を覚える人もいると思いますが、それには大きな理由があるのです。

会社のトップには、社内で自分を諭してくれる人が誰もいません。だから、自分よりも上の存在があるということを意識するために、目線のうえに神棚を置き、毎朝出社したら、部下たちのいる前で手を合わせ、二礼二拍手一礼をしてください、と私は勧めているのです。

そこで大切なのは、手を合わせながらお願いごとをすることではありません。「今日もありがとうございます、今日も組織のリーダーの名に恥じないように頑張ります」と、感謝と決意を神前で示すことが大切なのです。

そうやって、自分よりも上に、目に見えない大きな存在があることを意識することで謙虚さが生まれ、「自分ももっときちんとしなければならない」という気持ちが持てるようになるのです。

あなたが会社のトップなら、社員たちはそういう姿を見て、「うちのトップはなかなかしっかりしているじゃないか」と思ってくれることでしょう。

そういう姿を社員たちに見せることはもちろんですが、何よりも、トップが「自分より上の存在がある」ということを常に意識し、自分を戒《いまし》めることが重要です。

トップに自分を厳しく戒める姿勢がなければ、「自分が社員たちを食べさせてやっている」という、思い上がった気持ちが生まれ、不祥事から経営判断の誤りに至るまで、数々の間違いが起こるのです。

「自分さえよければ」思考、「今さえよければ」思考の弊害

その一方で私は、「人は死んでしまったら、そこで終わりなのか」ということを、「大久保秀夫塾」の塾生などによく話します。

本当に、人が死んでしまったらすべてが消え、あとには何も残らないとしたら、今を好きなように、やりたいことだけをして生きればいいのかもしれません。

しかし私は、宗教などとは関係なく、人生とは、今生きている時間よりも、むしろ死んでしまったあとのほうが長く、人間の肉体は滅びても魂は残る。逆に、その魂を磨き、浄化するために、私たちは今、この世に生きていると考えたほうがいいと思うのです。

だとすれば、生きているあいだに「よく生きる」ことを意識せず、「自分さえよければ」「今さえよければ」という好き放題の生活をしていたら、自分はきっと後悔するだろうと思います。

私は子どもたちに、「自分さえよければいい」とか「今さえよければいい」と考える人にはなってほしくありませんし、親や学校の先生、加えて企業で人づくりを実践している経営者の皆さんにも、そんな教育をしてほしくありません。

昔は、家庭にも学校にも、会社にも「人としてどうあるべきか」、「それは人として正しいことなのか」と諭してくれる人がいたり、そういうことを自ら厳しく実践している人がいたものですが、今ではあまり見かけなくなってしまいました。

中でも官公庁には、優秀な人たちがたくさん集まっているはずなのに、そういう面があまり機能していないのではないかと感じてしまいます。「人としてどうあるべきか」、「それは人として正しいことなのか」を基準にして、制度や行政の「在り方」を考えているとはあまり思えないのです。

官公庁だけではありません。まさしく日本では今、政治の世界や医学の世界といった、人の命に深く関わる分野の上に立つ人たちのあいだで、そういう意識が希薄になっているといわざるを得ないのです。

これは教育界も同様で、たとえば教師が、良くないことをした子どもを注意しなければならないのに、保護者からお叱りを受けることを恐れ、保身のために、本来いうべきことをいわないですましていることもあるのです。

教師が本当に子どもたちのことを思えば、親御さんにたとえば「あなたの息子さんが同級生をいじめています。家庭でも、そういう人として正しくないことをしてはいけない、と注意してあげてください」と、堂々といえるはずです。

ところが教師たちも、人としての「在り方」や「人としてどうあるべきか」ということについて、しっかり学ぶことなく、教える技術にばかり意識が向いているので、人間性や心の問題について、あえて触れようとしません。逆に、そういう部分に踏み込むことで、親の怒りを買うことを恐れ、黙ってしまうのです。

こうした問題は、「自分さえよければ」、「今さえよければ」という思考に陥《おちい》っているから生じるのであって、自分だけではなくみんなのことを考え、今だけでなく将来、さらには過去にさかのぼって物事を考えていくことによって、１つの正しい判断基準ができあがるのです。

「自分さえ」「今さえ」の発想からどう脱するか

まずは日本に古くから伝わる近江商人の経営哲学である「三方よし」をイメージしてみるといいでしょう。

「売り手によし、買い手によし、世間によし」といわれる「三方よし」は、自分とお客様あるいは相手と社会という、いわば平面に広がる横の関係です。

私はそれに加えて、過去から現在、未来という時間軸に沿って広がる縦の「三方よし」というものもあると思います。

それは、「ご先祖様によし、自分によし、子孫たちによし」とでもいうように、今の自分の行いが、ご先祖様に対しても、自分の子どもや孫たち、さらにはまだ見ぬ将来の子孫たちに恥じないものであるか、という判断基準です。

自分とお客様、もしくは相手、そして社会という横の「三方よし」はわかりやすいのですが、自分のご先祖様から子孫へとつながり、過去ｰ現在ｰ未来にわたる縦の「三方よし」はなかなかイメージできません。

でもこの縦の「三方よし」を理解し、ご先祖様にも子どもや孫、その先の子孫たちにも恥ずかしくない行いをしようと心がけることで、「今さえよければいい」という思考から抜け出すことができるのです。

そう考えれば、自分はどんな生き方をしたらいいのかということが、おのずと定まってくる、ということを教えるのが本来の教育だと私は思います。

明るさ、前向きさ、今日を一生懸命に生きることの大切さ

加えて私は、「明・元・素」の大切さも、子どもたちに教えてもらいたいと思います。

「明」とは明るさ（ポジティブな考え方）で、「元」は元気さ（前向きな行動）、「素」は素直さ（人の意見を率直に聞ける心）です。

どんな分野でも、思考がポジティブで前向きに行動でき、相手の話を素直に聞ける人は、多くの人に好かれ、成功する素質を持っています。そこに「利他」の心や志が加われば、将来、社会に役立つ有為の人材に成長してくれることでしょう。

もう一つ、小さな子どもたちにはまだ難しいと思いますが、「余命３カ月の発想」も大事です。

人間とはいつかは死ぬもので、それがいつになるかはわかりません。

実際に、私自身が命に関わる病気をしたことで、人間の命には限りがあり、短い人生を一生懸命に生きなければならないという思いをさらに強く抱くようになりました。

2016年のある日曜日、私はいつものように健康のためにスポーツジムで汗を流していました。ところが、その日はなぜか、いつもより足取りが重いのです。変だなと思いながら運動を続けていたら体調が戻ったので、私はとくに気にせず家に帰りました。

ところが、その翌朝に目覚めた私は、うまく話ができなくなっていたのです。大学病院で教授をしている友人に電話をすると、「今すぐに救急車を呼んでうちの病院に来なさい」という。「なぜそんな大袈裟《おおげさ》なことをいうんだろう」と思いながら、私はスーツを着て車で病院に行きました。

なぜいう通りにしなかったのかと友人に厳しく叱られ、MRI検査を受けたところ、脳梗塞と診断されました。そこで私は即入院となり、ICU（集中治療室）に入れられたのです。入院した翌日の朝に目覚めると、右手がほとんど動かなくなっていました。

そして3日目の朝には右脚がほとんど動かなくなり、４日目には話すことがほとんどできなくなってしまったのです。

手足が動かず、話もできず、トイレ以外は寝たままで、病院の天井を一日中見たままの生活が何週間も続きました。

一般病棟に移ることが許され、リハビリ専門の病院に転院してからは苦しいリハビリの連続でした。動かない手足を懸命に動かし続ける中で、私の体は徐々に回復に向かっていったのです。

どんなに生命力に満ち溢れ、元気に生きている人でも、道路を歩いているときにトラックにはねられ、あっけなく死んでしまうということは、普通に起こり得ます。

これは厳然たる事実です。

にもかかわらず人は、まさか自分が突然、死ぬようなことになるとは思っていません。ひいては、自分の命がこのまま永遠に続いていくかのように考え、「お金持ちになりたい」とか「出世したい」という、いつ叶うともわからない願望を抱いてさえいます。

ところが今、「あなたの余命は3カ月です」と医師から宣告されたら、あなたははたして、お金持ちになるとか出世することに価値を見出すことができるでしょうか。

自分の余命が3カ月しかない、という厳然たる事実を突きつけられて初めて、じつは人生において、お金持ちになるとか出世するということには、それほど大きな価値はなかったことに気づくのだと思います。

私なら、余命3カ月を宣告されたら、これまで自分が生きてきた証になるようなものを、ほんの少しでもいいから、どこかに残したいと考えるでしょう。

周囲の人たちから「あなたに会えてよかった」とか「あなたがいてくれてよかった」と、心を込めていってもらえるような何かを残し、私は3カ月の余命を全うしたいと思います。

実際に余命3カ月ではなくても、常に自分が余命3カ月を宣告されたつもりになって、周囲の人に「あなたに会えてよかった」とか「あなたがいてくれてよかった」といってもらえるように、1日1日を一生懸命に生きることが大切だということを、私は声を大にしていいたいのです。

「利他」の心を子どもたちに教えたい

さらにいえば、私たちが企業内の人材育成で教えていることで、家庭や学校でも子どもたちに教えてほしいと思うことは少なくありません。

その最たるものが「利他」という言葉です。

文字通りの意味としては「他人に利益を与えること」ですが、会社もじつは利他で成り立っています。会社が行っているビジネスは、商品やサービスをお客様に買ってもらうことですが、そこで働いているビジネスマンの仕事は、自分が向き合っているお客様に喜んでもらうことであり、社会貢献という側面もあるのです。

とはいえ会社なら、自分たちが利益を上げて儲かれば嬉しいのに、なぜ他人に利益を与えなければいけないのか。個人なら、自分が得をすればそれでいいはずなのに、なぜ他人に利益を与えなければいけないのかと、疑問に思う人がいるかもしれません。

実際、私も多くの人から「なぜ利他でなければいけないのか」や「なぜ利他がいいのか」という質問を受けています。

私は、子どもたちに利他の心を教えるときに、こんな気づかせ方をしてみたらどうかと思います。

たとえば「ご飯を1人で食べるのと、家族と一緒に食べるのは、どっちがおいしいと思う？」とか、「もう少し大きくなったとき、家族にご飯をつくってあげて、お父さんやお母さんが『おいしい！』っていってくれたらどう思う？」と、子どもたちに聞いてみるのです。

家でのご飯づくりでも、私たちが日々手がけているビジネスでも、相手が喜んでくれている姿を見て、「私は家族のためにご飯をつくってよかった」とか「自分はお客様のためにこの仕事をしてよかった」と、心の底から嬉しいと思うはずです。

言葉を換えると、人間は自分の存在を確認するために、常に相手を必要としています。まず相手がいて、その人が本当に喜んでくれたときに、自分の存在が確認できて、「相手に喜んでもらえることができてよかった」と思うのです。

つまり、自分がしたことで相手が喜んでくれることこそ、他人に利益を与えるという、利他なのです。

逆にいえば、自分がしたことで相手が喜んでくれる姿を見て、自分も嬉しいと思うからこそ、どんなことでも「あなたのために（for you）」という気持ちを持って事に当たることが、自分にとって最も幸せだと気づくのです。

その意味で、子どもを持つ親御さんや学校の先生には、仕事で最も大事なことは、いかに相手に喜んでもらうかということであり、会社なら、お客様に喜んでもらえる商品やサービスを提供することが本当の仕事だということを、子どもたちにぜひ教えていただきたいと思います。

企業は公器であり、企業は社会のためにあるのです。そのため、お客様に喜んでもらうためにはどうすればいいのかを、企業はひたすら考え、もっともっと、これでもか、これでもかと、商品やサービスを研究・開発し、改善し続けるのが企業の本来の姿であり、本当の仕事なのです。

利他の心に話を戻すと、自分がしたことで相手が喜んでくれる姿を見て、自分も嬉しいと感じる心から、「みんなのために自分は役立ちたい」、「世のため人のためになることを成し遂げたい」という強い意志である志や使命感が生まれます。

子どもたちにそれに気づかせ、私利私欲や社益、省益、国益などを超えた「地球益」を目指す志を持つリーダーに育てる教育を、私は実現したいのです。

なぜ日本に「最高の学校」をつくれないのか

そんな思いを抱いていた私は、九州の経済界の友人からの誘いを受け、本章の冒頭で触れたように、福岡県宗像市に建設を目指している小中一貫校「志明館小中学校」（仮称）の設立プロジェクトに参画し、発起人の1人になったのです。

「志明館」開校準備会には、共同代表を務めるJR九州特別顧問の石原進氏、新出光顧問の出光芳秀氏を始め、九州の経済界の重鎮たちが名を連ねています。同校の設置者である博多学園の八尋太郎理事長や九州大学の有川節夫前総長など、九州の教育界で指導的な役割を担ってきた方も、多数このプロジェクトに加わっています。

同校は、「世界に迎合するグローバリゼーション」ではなく、日本人としての魅力を持ちながらも十分に世界を知る人材を世に送り出すことを目的とした小中一貫校で、週6日（隔週土曜休み）の授業を行う他、「グローバル〈現代社会〉」（現代の日本や世界に起きている社会現象や国民の心理の根源・推移について学ぶ）、「総合日本史」（日本の形成に大きく影響した世界史上の出来事と人物の努力・行動を学ぶ）、「寺子屋」（神話や偉人伝から先人の生き方を学び、古典の素読を行う他、名作・名文を体系的に学習したうえで和歌を詠み、正しい敬語をともなう簡素な日本語の表現方法を学ぶ）という3つの独自教育を実践します。

まず志明館小中学校を設立して軌道に乗せてから、同校をベースに全国47都道府県にモデル校をつくり、日本の教育を変えていこうというのが同プロジェクトのビジョンです。長いスパンでプロジェクトに取り組んでいるので、必ずや日本の教育界に新風を巻き起こす1つのモデルケースになると私は確信しています。

ところが、２０１５年に宗像市と小中一貫校の設置に関する基本協定に調印してから6年以上が経つのに、私たちは志明館小中学校（仮称）を、まだ設立できないでいるのです。行政の理解、住民の賛同、支援者の後押しなど複数の要素が整わない限り学校建設は軌道に乗らないのです。数々の紆余《うよ》曲折《きょくせつ》を経て現在は、北九州市小倉北区の物件に絞って獲得を目指し、２０２４年の春の開校が現実的になっています。

日本より先に、カンボジアにモデル校をつくろう!

たしかに現実的には、日本の教育を変えることは非常に大きな事で、一朝一夕には実現できません。そこで私は「外から日本の教育制度を変えることはできないか」と考えました。

ちょうどカンボジアで教育支援をしている中で、開発途上国が貧困を克服し、本当に国として自立するためには国のリーダーが変わらなければ難しいという思いが強くなった時期でもあります。

そして、「外から日本の教育制度を変えることはできないか」、「未来のために、地球益を考えることのできる志をもったリーダーを育てたい」という思いから、幼小中一貫校であるＣＬＡ（シーセフ・リーダーズ・アカデミー）の設立のために動き始めたのです。日本の教育界の錚々《そうそう》たるメンバーに参画していただき、カンボジアで「日本でできないことをやろう」という目標を掲げ、ＣＬＡは２０１６年にまず幼稚部の２クラスからスタートしたのです。

ＣＬＡはカンボジア教育省の協力のもとで、ＮＧＯ（非政府組織）として認可を受けているＣＩＥＳＦが、授業料無償で運営しており、「地球益を目指す、志をもったリーダーを育てる」という建学の精神のもと、幼小中一貫教育を通して、「持続可能な社会を創り出すための真のリーダーを育てる」ための学校です。

今の日本の教育には、人づくりがおろそかになっているからこそ、私はカンボジアで「地球益を目指す、志をもったリーダー」を育てたいと考え、それを目的にＣＬＡを設立したのです。

単に学校をつくることを目的にしていたのではありません。人づくりのために学校をつくったのです。

第2章

カンボジアで実現を目指す「理想の学校」

日本の教育者とカンボジア政府を動かしたＣＬＡの理念

第1章で紹介した通り、私は２０１６年、「地球益を目指す、志をもったリーダーを育てる」という理念のもと、幼小中一貫教育を通して、持続可能な社会を創り出すための真のリーダーを育てるために、カンボジアにＣＬＡ（シーセフ・リーダーズ・アカデミー）を設立しました。

ここで、ＣＬＡが理念として掲げている「地球益」という考え方について説明したいと思います。

私は今、世界中で「自分さえよければいい」、「自国さえよければいい」、「今さえよければいい」という、利己主義、自国中心主義、刹那主義が蔓延《まんえん》していると感じています。

実際、世界の国々は国益のみを優先するあまり、環境保全への努力を怠《おこた》ったり、核開発を拡大したり、貿易戦争を引き起こしたりしています。

中でも海洋汚染や地球温暖化といった環境問題は、国益のレベルで考えるべきことではなく、世界中の国々が等しく取り組まなければならない共通課題です。

海水や大気には国境はありません。海流に乗って水は世界中をめぐり、空気は気流に乗って世界中をめぐるのです。海洋水の一部は、河川水などの地表面にある水とともに太陽のエネルギーを受けて蒸発し、雲になり、やがて雨や雪として地上に降り注ぎます。

ですから、海や大気が汚染されれば、地球上に住むすべての人が、汚染された水を飲み、汚染された空気を吸うことになるわけです。

しかも、世界にはびこる利己主義や自国中心主義のもとで、裕福な国や国境を越えて活動する大企業、もしくは一握りの富裕層に富が集中することで、貧富の格差や貧困といった問題はいっそう深刻化するばかりです。

そうした中で、地球環境の保全や世界平和、貧困のない世界の実現を目指し、世界中の人々の幸せのために何をすべきかということが、「地球益」の考え方なのです。

ですから、これからの世界に必要とされるリーダーは「地球益」という考え方を理解している人でなければいけません。そういう未来のリーダーを育てることで、カンボジアという国も変わるでしょうし、CLAが成功を収めて横展開することで、ASEAN地域も変わるでしょう。さらには、高度経済成長期にできあがった古い教育システムを変えられずにいる、日本にも大きな影響を与えるはずです。

そこで、これからの世界に必要とされる「地球益を目指す、志をもったリーダーを育てる」という人づくりのために、CLAの設立に向けて私は動き始めました。

まずは幼稚部からスタートするので、カンボジア人の保育士を育てるために、日本語教師をしていたカンボジア人3名を、ご協力をお願いした日本の幼稚園で預かっていただき、約1年いろいろとご指導をしていただきました。

幼稚部は、子どもたちが遊びの中で学びを深めることと、日本語の教育に力を入れていましたが、2019年からスタートする小学部では、「地球益を目指す、志をもったリーダー」の基礎を確立するための人間性の教育が大切になると考えていました。そこで、人間性を育てるためにはどうすればいいかと考えていたところ、1人のキーマンと出会いました。

その人物は、一般社団法人志教育プロジェクト専務理事の北見俊則先生です。

北見先生は教育の現場からは引退されていますが、横浜市立上永谷《かみながや》中学校の校長を務めていた2017年に、全校生徒が自分の志を明確な一文にして、クラスで共有するという志教育を実践し「優秀教育実践校」として横浜市教育長から表彰を受けました。

私は、北見先生が上永谷中学校の校長を務めていた頃に知り合いました。同校にお邪魔した際、生徒たちの表情が生き生きとしていて、学校全体が明るい雰囲気に包まれているのを見て、私はたとえようもないほどの感動を味わったのです。

そのとき私は、北見先生からお話を聞いて、彼が志教育を実践していることを知り、その考え方に強く共鳴したのです。

北見先生は「今の教育には志がない。志がなければ駄目だ」という信念のもとに、公立学校である上永谷中学校で志教育を試行されていました。私は、のちにCLAとして実現することになる、私たちの学校でも、志を持つ人材を育てたいと考えていたので、北見先生にCIESFの理事に就任していただいたのです。

北見先生は、志を持つ人材を育てる学校をつくりたいという私の思いに応え、全国の優秀な小中学校の先生や校長先生に声をかけて、勉強会を開いてくださいました。

北見先生の呼びかけに応えて、全国各地から14人の教師や元教師が集まり、学校設立に向けた私の構想を聞いて、「良い学校をつくろう」と立ち上がってくださったのです。

14人の先生方が中心となってチームCLAが立ち上がり、その中で、ある先生はICT（情報通信技術）教育、ある先生は理念教育というように担当を分けて、カリキュラムの作成を含めてCLAの運営を支援してくださっています。

14人の先生方は、「理想の教育」について真剣に考え、ひたむきに子どもたちに向き合っていらっしゃるのですが、日本では「理想の教育」を行うにはさまざまな壁があって実現が難しく、カンボジアに「地球益」を理念とする「世界最高の教育の場」をつくるチャンスがあるのなら、そこに持てる力を集中したいという思いで学校運営に協力していただいているのです。

一方、カンボジア側では、教育・青年・スポーツ省（以下、教育省）のハン・チュンナロン大臣がCLAの理念や建学の精神に強く共感してくださいました。大臣自ら日本を訪れて、先進的な教育を実践している学校を視察し、最大の支援者になってくださったのです。詳しくは本章で後述しますが、カンボジア政府には、ＣＬＡに大きな期待を寄せ、力を入れて設立を支援していただきました。

カンボジアの教育支援で積み上げた実績と信頼

じつは私には、カンボジアと浅からぬ縁があります。

初代内閣総理大臣官房安全保障室長などを歴任し、２０１８年に亡くなられた佐々淳行さんに、かつてフォーバルの顧問に就任していただいていたのですが、彼の依頼で、私は２００８年にカンボジアを初めて訪れました。

１９８９年に退官したあと、防衛省ＯＢのボランティア活動でカンボジアの地雷除去に訪れた佐々さんは、現地の人たちがゴミ捨て場に、何か売れる物がないかを探しに行く姿を何度も見かけたそうです。

カンボジア国内のいたる所に、内戦の頃に埋められた地雷がそのままになっていた時代です。大人はまだしも、子どもたちが、割れたガラスやとがった金属、腐った食べ物などが落ちている危険なゴミ山を歩き回るのは危ないので、佐々さんは個人資産で施設をつくり、子どもたちを預かっていたのです。

ところが佐々さんが身体を壊してカンボジアの支援をいつまで続けられるかわからなくなったので、私に「カンボジアの支援をしてくれないか」とおっしゃったのでした。そこで、佐々さんが支援しておられるカンボジアという国を見に行ったのです。

私はそのとき、現地の日本大使館を訪ねたのち、カンボジアの教育支援に長年尽力してこられた金森正臣先生に出会い、同国の教育事情などについて話を聞きました。

愛知教育大学の教授だった金森先生はＪＩＣＡ（国際協力機構）の専門家としての仕事でカンボジアに赴任されたのですが、あまりにも同国の教育事情が悪いので、ＪＩＣＡの仕事が終わったあとも、身銭を切って約10年カンボジアに単身赴任を続け、同国のＮＩＥ（National Institute of Education　国立教育研究所）で指導を行っていたのです。

私は、金森先生の話を通じてカンボジアの教育の現状と課題を知り、教員養成校の支援を行うことに決めました。同年にＣＩＥＳＦの前身である一般財団法人カンボジア国際教育支援基金を設立し、日本から志あるベテランの先生たちを集めて「国境なき教師団」を結成し、同国の教育養成校への教師派遣事業を始めたのです。金森先生には、同財団の理事に就任していただきました。

「国境なき教師団」の先生たちは、理数科を主な指導教科として、教育アドバイザーに赴任していただいています。教員養成校の学生に直接指導するのではなく、同校のカンボジア人教師が、教師の卵である学生たちに、質の高い指導ができるようにサポートを行っているのです。

これまで「国境なき教師団」の先生の指導を受けて、カンボジアでは約８０００人の学生が教員養成校を卒業し、先生として約30万人の子どもたちを小学校で教えています。

またＣＩＥＳＦでは、２０１２年にカンボジア教育省と共同で、同省の行政官や教師の再教育の場として「教育政策大学院大学」をプノンペン市内に設立。これまでに１００人以上の卒業生を輩出しています。

他にも、ＣＩＥＳＦでは、大学生を主な対象にビジネスモデルコンテストを開催するなど、起業家育成事業も実施しています。コンテストの表彰式には毎年、教育大臣が出席してくださっており、この事業は現在カンボジアの他にも、ミャンマーでも実施されています。

そういう実績を積み上げ、カンボジア教育省との信頼関係を構築してきた中で、私は「次の世代を育てていかなければカンボジアは変わらない」と思うようになりました。

そこで私はカンボジアの教育大臣に、「最新の教育内容を採り入れ、カンボジアの公立学校に横展開できるようなモデル校となる一貫校をつくりたい」と、ＣＬＡの設立構想を伝えたのです。

私の話を聞いたハン・チュンナロン大臣は、ＣＬＡの設立構想を高く評価し、「わかりました、カンボジアの卒業資格も出しますので、ぜひやってください」と話してくださいました。

こうして、ＣＬＡは２０１６年に開校したのです。

カンボジア人教師と日本人教師が、クメール語と日本語による教育を実施

カンボジアの義務教育は日本と同じく小学校6年間、中学校3年間。義務教育を終えたあとの進路も日本と同様に高校3年間、大学4年間となります。義務教育の授業料は無償ですが、制服や学用品は保護者負担です。

学年のスタートは学校や年によって多少違いますが、だいたい10月頃で、クメール歴の正月である4月をはさんで2学期制を取っています。小学校、中学校、高校は午前の部と午後の部の2部制で授業が進められており、大学はさらに夜間の部を加えた3部制になっています。

小学校の進学率は約95%と、以前に比べてかなり改善されましたが、中学校の卒業者はまだ45%にとどまっています。

ここでＣＬＡの概要を紹介すると、生徒数は幼稚部が62名（以下、２０２１年５

月末現在)。小学部が41名です。幼稚部が3歳児クラス、4歳児クラス、5歳児クラスからなり、2019年に開校したばかりの小学部は1年生クラスと2年生クラスからなります。

教師数は、幼稚部が日本人保育士3名、カンボジア人保育士が5名で、小学部は日本人教師が2名、カンボジア人教師が4名。

またカリキュラムに関してですが、カンボジアの卒業資格を取得するため、国語と社会はカンボジア教育省の指定カリキュラムに沿って、カンボジア人の先生がクメール語で授業を行います。

その他の算数や日本語、「プロジェクト学習(問題解決型学習)」、「心・身体」(本章で後述する『心身統一体』を実感できる空手教育」を実施)の4科目については、CLA独自のカリキュラムに沿って実施することが同省から認められています。

中でも特徴的なのがプロジェクト学習で、考える力(問題発見力、課題解決力)を育て、一般的な社会や理科といった科目の枠や、言葉(語彙力)や文章力、計算力といった個別の能力の枠を超えた総合的な学びを目的に、授業を進めています。

国語(クメール語)と社会以外の科目は、本章で後述するように、利他や和を重んじる日本語の背景にある日本の文化や精神から「人としてのあるべき姿」を学んでもらうため、日本人の先生が日本語を基礎として授業を行っています。

幼稚部は2歳から始めていますが、子どもたちに幼い頃から遊びを通じて日本語を教え、日本語でさまざまなことを学んでいくための基礎力を身につけさせていきます。小学1、2年生のクラスでは、日本人の先生の授業をカンボジア人の先生がサポートし、子どもたちがまだ理解できない日本語の意味をクメール語で解説してくれたりしています。

ＣＬＡはカンボジア教育省の管轄下にあり、公立学校と私立学校が入り交じったような運営体制になっています。一般的な私立のインターナショナルスクールとは異なり、カンボジアの卒業資格が得られるため、同省に対してカリキュラム内容や時間割、生徒の人数などを記載した年間報告書などの報告義務があります。

ＣＬＡの運営費用は、日本からの寄付金によってほぼ賄《まかな》われていますが、給食費や教材費は保護者に負担していただいています。

生徒たちの保護者は、日本語を学んだことがあるとか、日本企業に勤務している（あるいは勤務経験がある）、もしくは日本への留学経験があるなど、日本に何らかの関わりを持つ人が多く、大半が夫婦共働きの中流家庭です。

入学希望の保護者に対して説明会を開催し、そのうえで個別面談を実施して選考を行っていますが、主な選考ポイントは保護者の教育に対する考え方です。

今後新設される中学部の卒業まで、親が責任を持って子どもを学ばせることを重視しているため、あまりにも貧困な家庭では将来、学校に通えなくなる可能性もあるので中流家庭の生徒が多くなっています。ですから、他に私立のインターナショナルスクールなどの選択肢の多い裕福な家庭からは生徒を取っていません。

CLAの教育における「5つの方針」

①「教える内容にアンタッチャブルはない」

CLAは2016年に開校したばかりですが、これから幼稚部・小学部の在校生の学年が進んでいくのに合わせて、日本では実現できなかった独自の教育プログラムを一つひとつ実践していく予定です。ＣＬＡの教育方針は、「教える内容にアンタッチャブルはない」、「身体で学ぶ」、「みんなで調べる」、「気づかせる」、「生き方を学ぶ」の５つを通じて人づくりを行うことです。

まず、日本の教育ではほとんど教えられていない「アンタッチャブル」な事柄についていうと、ＣＬＡでは世界の現代の政治、歴史・偉人、文化・宗教、日本の文化と精神、お金、経済、ＳＤＧｓ、ロボット・ＡＩ（人工知能）なども教えていくつもりです。

たとえば世界の現代の政治については、かつて社会革命と社会浄化を旗印に大量粛清を行ったポル・ポト政権のことも教えていきたいと考えています。

本当のことをしっかり教えることによって、子どもたちは何がいけないのか、なぜそれがいけないのか、ということに気づくからです。

宗教に関しても、タブーを設けていません。ＣＬＡでもイスラム教徒の生徒が入学してくる予定ですが、その生徒は「ハラール」という「神に許されたもの」しか食べることができません。また、その生徒は、毎日決まった時間に１人でお祈りをしなくてはいけません。

その姿を見て、「不思議だな」と思ったり、「なぜ豚肉が食べられないんだろう」と疑問に感じる生徒もいるでしょう。

そこで私たちは今後、たとえば「イスラム教について、みんなで勉強してごらん」といって、4、5人でチームをつくり、子どもたちに宗教の特徴や習慣について調べて話し合ってもらうような授業も進めていく計画です。

そうした授業の中で、たとえばイスラム教では、豚は「神に禁じられている（ハラム）もの」とされているので、豚肉やその加工食品などは食べないとか、イスラム教徒は1日に5回決められた時間にお祈りをしなければならないということを知り、宗教の違いに気づくのです。

宗教が違えば習慣も考え方も異なることを理解し、お互いを尊重することは、「地球益」を目指すうえで非常に大切だからこそ、CLAでは宗教についても一切タブーを設けることなく教えることをモットーにしているのです。

これはお金についても同様で、投資には企業の活動や経済成長を支えるという本来の役割があり、単なるマネーゲームになってはいけません。

普通は、そういうことを子どもたちに教えるために、投資にどんな問題があるのかということを先生が説明します。しかしこれは今後、子どもたちの年齢や学習進度に合わせてですが、私たちは「今の投資にどんな問題があるのか10個考えて、みんなで話し合ってごらん」と、たとえばコンピュータで瞬時に売買を繰り返し、株価を操作するということが本当に良いことなのかなどを、子どもたちに考えさせる授業を実施していく予定です。

そのような話も含めて、投資の問題について議論をしてもらったうえで、今度は「じゃあ、そもそも投資は何のためにあるんだろう？」とか「投資の本来の目的って何だっけ？」と質問し、子どもたちに答えてもらうのです。

そうやって、子どもたちに投資の本来の目的は何かを考えてもらい、理解させることで、本来の投資の目的を逸脱した行為に対して、「それはおかしい」ということに気づかせることができるのです。

ロボット・ＡＩ教育については、ＩＴに強い産業界の専門家が学校の先生を指導するのが一番の早道で、それは日本でもカンボジアでも同じです。でも、ロボット・ＡＩの初歩を子どもたちにわかりやすく教えることは難しいものです。そのため、「餅は餅屋」という言葉もあるように、私たちは教育界の先生だけでなく、産業界の皆さんにも先生として、学校教育にどんどん参画してもらうことが大切だと考え、授業を進めていく予定です。

これも日本ではなかなかできないことですが、情報通信分野を始め幅広い分野で「次世代経営コンサルティング」を手がける弊社フォーバルはカンボジアにも現地法人を置いているので、ＣＬＡにロボット・ＡＩの専門家を、先生として派遣することが可能です。

こうした、日本で教えられていないこともカリキュラムに盛り込み、「世界最高の教育」を実践していることを、カンボジアから世界に向けて発信していくことを目指しています。

②「身体で学ぶ」――「心身統一体」を実感できる空手教育

また、「身体で学ぶ」ことについては「『心身統一体』を実感できる空手教育」を実践しています。

「心身統一体」とは、「心身をバラバラの部分ではなく、最初から1つであるととらえる考え方」であり「心と身体が一致している状態」（宇城《うしろ》憲治『心と体　つよい子に育てる躾《しつけ》』、どう出版）のことで、長年エレクトロニクス分野の技術者として活躍し、加賀電子グループの加賀コンポーネント（現・加賀マイクロソリューション）の代表取締役も務めた経歴を持つ一方、創心館空手道範士九段・全剣連居合道教士七段の武術家でもある宇城憲治氏が提唱している理論です。

詳しくは第3章で触れますが、人間の身体とは不思議なもので、相手を「力で引っ張ってやろう」と思うと、力で負けるのです。どういうことかというと、たとえば椅子に座っている人を引き上げて立たせようとするとき、力任せに相手を引いても、かえって抵抗を受けて、相手は立ち上がってくれません。

ところが、実際にやってみるとわかるのですが、あなたが相手のことを考え、いったん力を抜いてから相手を引き上げると、スムーズに立ち上がってくれるのです。

つまり、力任せでは駄目で、相手のことを考える優しさが大切だということなどを、CLAでは幼稚部で一つひとつ身体を通して教えています。

それ以外にも、日本の教育であれば、「礼儀正しくしなさい」とか「整理整頓をきちんとしなさい」と言葉だけで教えているようなことを、空手を教え、身体全体を通して本当に理解させることが、ＣＬＡの「心身統一体」の授業の特徴です。幼稚部の子どもたちは、こういう人間性を磨くうえでの基本となることを、スポンジが水を吸うように、吸収してくれています。

③「みんなで調べる」――「問題解決型学習（ＰＢＬ）」

「みんなで調べる」学習として行っているのは、「問題解決型学習（ＰＢＬ／Project-based Learning)」です。ＣＬＡでは教科、学年、教師主導型といった日本の従来の画一的なシステムの枠を越え、身近な問題や社会課題に目を向け、正解のない問いに向き合うプロジェクト学習（問題解決型学習）を中心とする、生きた学びを実践しています。

ＰＢＬとは、あるテーマについて、子どもたちがチームを組んで議論し合い、問題を解決していくという学習方法で、まさに先に触れたように、子どもたちがチームを組んで宗教について考えたり、投資の在り方について考えたりすることが、その作業にあたります。

今ＣＩＥＳＦの担当理事が中心となって、具体的にどんなカリキュラムをつくっていくべきかを検討しながら試行的に授業を進めています。その中で学年の枠を外し、現在小学部に在籍している１、２年生が合同で授業を進めたり、小学部と幼稚部合同で授業を進めることもあります。各学年ごとにＰＢＬの授業を行うことも、もちろんあります。

たとえばＣＬＡに小学部が開校された２０１９年、小学1年生を対象に「桃太郎」を題材にした授業を行いました。子どもたちに「桃太郎」の話をしたあと、「桃太郎の鬼退治は本当に正しかったのか」、「鬼たちを退治する以外に方法はなかったのか」という質問を投げかけ、思いやりや世界平和、生命の尊さなどについて考える授業を実施しています。

ＰＢＬを実践していくうえで、学年の枠を取り払うことは、とても重要です。子どもたちが将来社会に出たその瞬間に、1年生や2年生といった学年がなくなるからです。

それに、学年の枠をなくせば、1年生の子どもが2年生のお兄さん、お姉さんにわからないところを教えてもらうことができ、さらに今後学年が進めば、6年生の生徒が下級生を指導しながらチームで学習を進めることもできるようになるなど、年齢の異なる子どもたち同士で学び合うことも可能になります。

ＰＢＬの取り組みもまだ始まったばかりで、本当の成果が出てくるのはこれからですが、今後カンボジアの子どもたちの反応を見ながら、「『心身統一体』を実感できる空手教育」などでも、異なる学年の子どもたちの合同授業を行っていく予定です。

他にも将来的に「飛び級」制度の導入も見据えながら、学年の枠を取り払っていく一方、カンボジア教育省の指定カリキュラムなどの学年別で行う授業も同時進行させ、着実に成果を上げていきたいと思います。

④「気づかせる」

ＣＬＡは、日本の教育ではアンタッチャブルになっている事柄も含めて、子どもたちに気づかせ、理解させる教育をモットーにしています。これは日本の教育では、生徒にたくさんのことを覚えさせ、「これをこうすれば正解が出る」という問題の解き方を教える一方、生徒が自ら考え、気づくことをおろそかにしているからです。

そこで私たちは、CLAでPBLを通じて、身近な問題から世界の現代の政治、宗教に至るまで、子どもたちがさまざまな問題について議論し、気づかせる授業を行っていく予定です。

本章で後述するように、私たちはCLAで「地球益を目指す、志をもったリーダー」を育てるために、神道や仏教、キリスト教といった異なる宗教が共存してきた多様性の背景にある日本文化を育んできた日本語を、子どもたちに学んでもらっています。

その日本文化の象徴である「三方よし」や「足るを知る」、「浮利を追わず」、「和を以て貴しとなす」という言葉そのものは教えないにしても、たとえばPBLを通じて「目先の利益ばかり考えることで、どんな良くないことが起こると思う？」とか「みんなが仲良くすることがなぜ大事だと思う？」と質問し、子どもたちに考えてもらい、一つひとつ気づかせる、という授業を今後行っていく予定です。

⑤「生き方を学ぶ」

私たちはこうした教育方針のもとで、「主体的・創造的で課題解決型の学び」を通じて「生きる力」を身につけ、「地球益を目指す、志をもったリーダー」に育てていくという、これからの世界に求められる人づくりを目指しています。

「主体的・創造的で課題解決型の学び」とはPBLであり、「生きる力」とは、何か問題にぶつかったときに「だから駄目なんだ」と他人を批判したり、「何とかしてくれ」と他人に頼ったり、あきらめたりするのではなく、自分たちで矛盾や問題に気づき、行動を起こして変えたり、問題を解決していこうとする能力です。

たとえば「駄目だよ、政治は」といいながら、選挙にも行かず、ただ傍観者になるのではなく、変えなければならないのなら変えていく。そのためにはどうすればいいのかを考え、自分たちで主体的に変えていく能力が「生きる力」であり、そういう力を身につけた子どもたちが、将来、地球全体の利益を考えて行動できる、「地球益を目指す、志をもったリーダー」になってくれたら、もっと素晴らしい世の中になると思うのです。

ですから最終的に、「生きる力」は「地球益」につながっていくと私は考えています。

まさに地球上の「誰一人取り残さない（leave no one behind）」と宣言している国

連のＳＤＧｓが、地球全体の利益を意識した行動指針であり、ある意味で、ＳＤＧｓの17の目標を達成していくことが「地球益」に近づくことになるともいえるでしょう。

これからは「地球益」という考え方に立たなければ、世界全体の課題である環境問題やエネルギー問題は絶対に解決できません。だから今、国益を超えた「地球益」がわかるリーダーを育てていく必要があるのです。

そのためにこそ、子どもたちが小さな頃から主体的・創造的な学び、問題解決型の学びを重ね、最終的には、自分たちの目の前で起きている問題をどうすれば解決できるかを考え、自ら行動を起こしていく、「生きる力」を身につけさせたいと思うのです。

日本では実現できなかった独自の教育プログラム

ＣＬＡの設立にあたり、全国から14名の教師や元教師、経営者の方々に集まっていただき、カリキュラムの基礎となる方向性を検討してもらいました。

その後、実際にＣＬＡに赴任していただく先生方や担当理事が中心となり、具体的なカリキュラムを作成しているのです。

その中には、たとえば「偉人伝による志を育てる教育」、「自己肯定感を高め、相互承認力をつける宝物ファイル」に加え、先に触れた「『心身統一体』を実感できる空手教育」の他、「タブレットによる自学自習（教育のＩＣＴ化）」といった、日本では実現できなかった独自の教育プログラムがあります。

「偉人伝による志を育てる教育」

ＣＬＡでは、子どもたちに偉人伝を読ませ、志を育てる教育プログラムも設けています。

偉人伝を読むことで、子どもたちが歴史上の人物の生き方を知り、世界を知り、将来の夢を描くきっかけになります。

エジソンの伝記を読んで発明家になりたいとか、日本の偉人であれば北里柴三郎の本を読んで細菌学の研究者になりたいという夢を持つ子どももいるでしょう。

偉人伝をたくさん読むことで、その夢が「将来エジソンのようになりたい」とか「北里先生のように世界の人々の役に立てる人物になりたい」という強い動機をともなう志に変わっていくような教育を、私たちは目指しています。

自己肯定感を高める「宝物ファイル」

ＣＬＡ小学部の最初の日本人教師として赴任された岩堀美雪先生の考案による、子どもたちの「自己肯定感」を高めるための独自のプログラムです。

詳しくは第3章で説明しますが、自己肯定感とは「自分の在り方を積極的に評価できる感情、自らの価値や存在意義を肯定できる感情などを意味する語」（実用日本語表現辞典）で、国立青少年教育振興機構の解説によれば、自己肯定感が高い子どもとは、自分は価値のある存在だと感じ、自分に自信を持っています。また自己肯定感が高い子どもは、物事に取り組む意欲が高いという特徴も持っています。

逆に、自己肯定感が低く、自分に自信が持てない人は、子どもや大人に限らず、自分とは異なる他人の存在や意見、価値観などを認めることができません。

そのため、このプログラムは、ありのままの自分を受け入れ、自分のことが好きになることを目的にしており、小学校1年生から中学部を卒業するまで続けられる予定です。

自分の志や願い、長所について考えたり、友だちに自分の長所を聞いたり、友だちの良いところを見つけて、それを写真や絵、習字などにして、ファイルにためていくのです。それはまさにその子どもにとって宝物となります。

タブレットによる自学自習（教育のICT化）

タブレットを活用した学習を通じて、生徒一人ひとりが自分のペースで自学自習を進めることができる個別最適化の実現や、仲間と情報を共有しながら勉強を進めていく協同学習などに加え、カンボジアを飛び越えて子どもたちが世界とつながるオンライン授業も進めていきます。そのため小学部からは生徒1人に1台タブレットを支給しています。

生徒たちがタブレットを使って学ぶことには規制をかけず、自由にどんどん学んでもらうのが原則です。そのためのさまざまなアプリやツールを日本で用意し、子どもたちがそれらをタブレットで見たいとき、あるいは研究したいときに見られるようにしています。「これは良くて、これは駄目」とか「この内容を学校で何時間で学びなさい」という制限は一切設けず、無制限でオープンに子どもたちにコンテンツを提供していこうと考えています。

日本語教育の意義
——日本語は多様性を学ぶのに最適な言語

CLAでの教育を通じて、最終的に子どもたちに教えたいのは多様性の尊重です。多様性の尊重は「地球益」のベースとなる、非常に大切な価値観だからです。

実は、ＣＬＡでカンボジアの母国語であるクメール語の他に、日本語でも教育を実施しているのは、日本語を通じて子どもたちに多様性の尊さを学んでもらうためなのです。

なぜなら私たちは、日本語は多様性を学ぶのに最適な言語だと考えているからです。

七五三や初詣で神社にお参りし、結婚式はキリスト教式で、お葬式はお寺で行う日本人は、海外の方からすれば、とても理解しがたいほどの多神教です。

それに比べて、世界の多くは一神教で、人類の歴史をひもとくと、宗教的な対立が原因で数多くの戦争が引き起こされ、今でも止むことはありません。各国、各民族が自分たちの神を絶対視し、他の神の存在を認めるどころか、排斥してきたのが、人類の歴史における否定できない事実です。

ところが日本は、先にも話したように、神道はもちろんキリスト教も仏教も取り入れており、異なる宗教の存在を認める習慣が、文化として長く根付いています。

世界の歴史からみても、異なる宗教を認め、取り入れるという日本の文化は特筆されるべきものなのです。

そのルーツには、八百万《やおよろず》の神々の存在や、万物に神が宿っているという独自の思想、あるいは「草木国土悉皆成仏《そうもくこくどしっかいじょうぶつ》（草木や国土といったものにも仏性がある）」といった仏教から伝来して日本に定着した哲学があります。そういうベースがあるので、人は生きているのではなく生かされているという謙虚さや、物を大切にしようという考え方が根付いたのです。

そして、その日本の文化のベースにあるのが日本語です。だから日本語を学ぶことによって、「三方よし」や「足るを知る」、「浮利を追わず」、「和を以て貴しとなす」という言葉の意味するところが理解できるようになってくる。その中において、相手を認めるという多様性も生まれてくるのです。

その意味で、前提となる日本語をきちんと理解できなければ、日本語の文脈の中で体現されている、多様性を受け入れる文化を相手に理解してもらうこともできません。実際に、日本独自の文化を英語で理解してもらおうとしても、非常に難しいものがあります。

日本語と英語の違いについていうと、たとえば日本語では主語や、「I have this

book」の「this book」のように、「have」という動作の影響を受ける対象を表す目的語がない文が数多くあります。日本語で「ご飯できたよ」という場合でも、英語では「I'm ready to eat」と主語の「I」が必要ですし、「ありがとう」なら「Thank you」というように、「感謝する」動作の対象となる目的語の「you」が必要です。

このように英語は、自分が相手と向き合う言語である一方、日本語は自分と相手が横並びになって同調する言葉です。

たとえば英語では「Thank you」にしろ「I'm happy」にしろ「I have fun」にしろ、自分はこう思うと主張し、相手はどう感じていたり、感じているのかという答えを期待している一方、日本語で「ありがとう」とか「うれしい」、「楽しい」という言葉は、相手に同調する気持ちを表しているのです。

いい換えれば、英語は相手に、自分はこう思うと主張することが前提になっているので、ディベートに強いわけです。逆に、日本語は相手に同調する言葉であり「敵をつくらない言葉」ともいえます。そこに日本語の重要性があるということを、多くの人に理解していただきたいのです。

実際、「なぜカンボジアの学校で日本語を教えるのですか？」という話を、カンボジア教育省の方にも、日本の先生方にもよく質問されました。

繰り返しになりますが、日本語をきちんと理解すれば、多様性を受け入れ、異なる宗教が共存し社会に根付いている日本文化を理解できるようになります。その意味で私は、これから「地球益」を考え、世界平和を実現していくうえで、日本語の習得が大きな鍵になるとさえ考えています。

一方、自分が相手と向き合う言語である英語は、コミュニケーションの武器として重要です。だから、多様性を受け入れるという考え方の基盤を日本語を通じて身につけ、国際社会で必要とされるコミュニケーションを英語で行うことが理想的だと私は思います。

そこで、今後ＣＬＡでも、母国語であるクメール語と日本語をしっかり身につけてもらったうえで、子どもたちに英語も教えていく予定です。

こうしたＣＬＡの教育方針は、カンボジア教育省にもよくご理解いただいています。

CLAを通して見えてきた「本来あるべき教育」の姿

「教育は百年の計」ともいわれるように、CLAの教育の成果が現れてくるのはこれからです。

ただ、幼稚部を2016年9月に開園してから約5年、小学部を2019年9月に開校してから約2年が経ち、生徒たちの自主性は非常に高まっていると思います。

私も実際に授業を視察しましたが、算数などのドリルを解き終えた生徒が先生のところにドリルを持っていき、採点してもらったあと、次の問題を解き、またすぐ先生のところにドリルを持っていくというように、子どもたちが積極的に勉強に取り組む姿を見ることができました。

日本のように、勉強が得意な子どもも不得意な子どもも1時間の授業の中で、黙って先生の話を聞くのではなく、自分のペースでどんどん勉強を進めているのです。

そして先生は、手づくりのドリルを生徒たちの目の前で採点するというように、素早く対応を行います。その中で子どもたちは、問題が解けた喜びを感じ、わからないところに気づき、理解を深めていくというサイクルが、１つの授業の中で生まれているのです。

その一方で、空手を通じて礼節を学び、「心身統一体」を教えることによって、心の面も非常に鍛えられています。

その結果、カンボジアの子どもたちは変わり始めています。教室に入るときにお辞儀をするのはもちろん、３歳児クラスの園児でも、脱いだ靴をきちんとそろえて入ってきます。そういう子どもたちの姿を見て親が驚き、今度は親が気づいて変わっていくのです。

こうしたことを一つひとつ、地道に行っていくのが教育だと私は思うのですが、日本でこのような人づくりの部分があまり顧みられていないことが、非常に残念です。

こういういい方をすると批判があるかもしれませんが、ＣＬＡの取り組みは、今の日本の教育にとって「お手本」になる部分が数多くあるのではないかと思います。

実際、ＣＬＡに赴任してくださった日本の先生方も、「自分たちが日本で行ってきた教育にはここが抜けていたんだな」とか「本来、教育はこうあるべきだった」ということを実感しながら現地で教育にあたっていただいており、良い啓発になっているのではないかと私は考えています。

ＣＬＡで教鞭を執ってくださっている日本の先生は、東京都立や大阪府立の小学校や国立大学の教員というように、公教育に携わっていた方が少なくありません。

私はそういう、ある意味で旧態依然とした教育環境の中で「途上国の支援をしたい」という思いを持つ先生方に対して、私たちが考えている「理想の教育」の構想や教育方針について説明しました。その中で、私たちの理念に共感し、「そういうことを自分でもやりたかったのに、公教育ではできなかった」という先生方に、「試行錯誤の連続で、苦労も多いと思いますが、ぜひ私たちの学校で子どもたちを教えてください」とお願いし、ＣＬＡに赴任していただいたのです。

ＣＬＡの日本人の先生方は、私とも頻繁に連絡を取り、問題にぶつかるごとに一つひとつ修正を加えながら、学校の運営に尽力してくださっています。そういう中で、先生方自らも教育のあるべき姿を再発見し、変わりつつあるという好循環が生まれています。

ＣＬＡで一緒に仕事をしてくださっているカンボジア人の先生たちも、非常に優秀です。個人によってレベルの差はありますが、基本的に日本語ができ、日本への留学経験のある方もいます。

カンボジア人の先生たちは、私たちの教育に対する考え方をよく理解してくださっており、日本人の先生方が教育にどう取り組み、ＣＬＡがどういう方向に進もうとしているのかを、毎日一緒に仕事をしながら、しっかり見てくださっています。そこから刺激を受けて、ご自身の勉強に活かしていただいているのはとても嬉しいことです。

日本人の先生方のやり方を見ながら、自分たちができなかったことも「日本の先生はこうやっている」、「こうすればできるのか」と気づきを得ながら、一つひとつ実績を重ね、学んでいただいているのです。

「人として当たり前のこと」を、当たり前に教える人間教育が必要だ

話が前後しますが、今日本の学校では「整理整頓をきちんとしなさい」とか「靴をきちんと並べなさい」といったことは、あまりやかましくいっていないのではないでしょうか。

ＣＬＡでは人として大切な、基本的な躾《しつけ》は幼稚部から行っています。いうまでもないことですが、幼稚園や小学校に自分を送ってくれたお母さんやお父さんに「ありがとうございます」、学校に来たら先生に「おはようございます」と挨拶するのは当たり前。「みんなで教室の掃除をしよう」とか「靴を脱いだらきちんと揃えよう」ということにしても、私たちは当たり前のことを、当たり前にやっているに過ぎないのです。

そういう当たり前のことがきちんとできなければ、人の心は育ちません。

にもかかわらず、今の日本では「教育に直接の関係がない」からといって、時代が変わっても重要な、人として当たり前のことを教えることに重きが置かれていません。

読者の皆さんのご家庭でも、ご飯を食べるときに、みんなで「いただきます」、ご飯を食べ終わったら「ごちそうさまでした」と挨拶するという、当たり前のことを当たり前にできているでしょうか。

あるいは、ご飯を食べているときに、みんなが自分のスマートフォンばかり見ているかもしれません。

これでは人間教育はできないと思います。

本章で述べたＣＬＡの取り組みを通じて、日本の親御さんや現場の先生を始めとする教育関係者に加え、企業で人づくりに携わる一方、その多くが子を持つ親でもある経営者の皆さんにも改めて考えていただきたいのは、「教育の本来の目的は何か」ということです。

日本の今の教育は、子どもたちを「いい高校に進学させる」とか「いい大学に進学させる」、あるいは「いい会社に就職させる」ことが目的になっています。

でも教育の本来の目的は、自律して社会に適応できるように、子どもたちの心や人間性を豊かにすることにあるはずで、目的と手段をはき違えてはなりません。

だからこそ、その目的をぶれさせずに「人としてどうあるべきか」、「自分はどういう人間になりたいのか」ということを子どもたちに考えさせ、気づかせることが最も大切であり、知識もその手段として身につけさせていくという、本当の教育が必要なのです。

私たちはCLAを、「地球益を目指す、志をもったリーダーを育てる」ためのモデル校として軌道に乗せ、カンボジア国内に約6800校ある小学校に横展開を図る他、ラオスやミャンマーを始め、他のASEAN諸国にも、このCLAをモデル校として展開を進めていく計画です。

日本とカンボジアの絆のもとに、CLAに集まる期待

もともとカンボジアは、日本を非常にリスペクトしてくれている大切な国です。第二次世界大戦が終戦を迎えたあと、日本は戦後処理として各国に賠償等を行いましたが、カンボジアのシハヌーク国王（当時）は、日本への対日賠償請求権を放棄すると発表し、日本側もその恩に報いるため、経済・技術面での支援を行う用意があることを表明したのです。カンボジアが対日賠償請求権を放棄したことをきっかけにして、ラオスやミャンマーなどのＡＳＥＡＮの国々も対日賠償請求権を放棄しました。

日本もカンボジアに支援を続けた結果、カンボジアの５００リエル紙幣に同国の国旗と並び、日の丸がデザインされるほど、カンボジアの皆さんは日本に対して信頼を寄せてくれるようになったのです。

こうした中で、私たちはＣＩＥＳＦの活動を通じて十数年にわたり、カンボジア国内で教育支援を手がけ、実績と信頼を積み上げてきました。その結果、先にも話した通り、カンボジア国内では唯一、義務教育の卒業資格を得られるインターナショナルスクールとして認可されたわけですが、これもＣＬＡに対するカンボジア政府の期待感の大きさを物語るものだと私は思っています。

さらには、ＣＬＡに対して、同国の上級大臣も個人的に寄付をしてくださったり、ハン・チュンナロン大臣自らもＣＬＡの主な行事には必ず訪れてくださっています。

一方、日本政府も私たちの取り組みを高く評価してくださっています。

２０１９年9月には安倍晋三前内閣総理大臣が、ＣＩＥＳＦがこれまでカンボジアで取り組んできた教育支援活動を、国連総会の一般討論演説の中で、このように紹介してくださいました。

「私はまたカンボジアでも、ある日本の事業家が、まったく自分一人の発案で、教育向上に努めているのを知っています。

日本から経験豊かな理数科教師を送り、カンボジアでこれから教員になろうという若い男女のコーチをさせるのです。名付けて国境なき教師団。

私は、誰の承認を求めるのでもない、純粋に内発的動機から、日本の民間の人々がこうしてタンザニアで、カンボジアで、若者の、とりわけ少女の教育に進んで尽力する様を見て、心洗われるものを覚えます」

安倍前総理も、ＣＩＥＳＦの相談役をお願いしている下村博文元文部科学大臣も、カンボジアに同行してくださった自由民主党の高村正彦前副総裁も、私たちの活動を理解してくださっています。

このように、カンボジアでも日本でも高く評価されているプロジェクトであるだけに、失敗は許されません。絶対に成功させるという強い意志を持ち、ＣＬＡの運営に全力を挙げて取り組んでいく覚悟です。

第3章

今、日本の学校教育で何を教えるべきか？

日本の教育をどうアップデートしたらいいのか

本章では、カンボジアのCLAで、あるものはすでに実践し、あるものはこれから実現させようとしている教育プログラムの内容を踏まえ、私たちが今、日本にどんな教育が必要だと考えているかを述べていきたいと思います。

おおまかにいうと、幼児教育では心と身体の関係を学ぶことを重視し、小学校では、たくさんの偉人伝に触れることで人としての「在り方」や生き方を学び、中学校や高等学校では、第2章でも触れた問題解決型学習のPBLに重点を置くことで、子どもたちが社会に出てから必要になる問題発見力や問題解決力を磨くことが大切だと、私は考えています。

また、インターネットの動画で授業を行うとか、紙の教科書の代わりにパソコンやタブレット端末を使うといった日本のICT教育は「何のためにそれを行うのか」という本来の目的を、教える側も教わる側も理解しないまま進められていることも指摘しなければなりません。

その他、子どもたちが自分の価値や存在意義を肯定的にとらえることの源となる自己肯定感を低下させてきた、これまでの日本の教育の欠陥も改められなければなりません。

さらに、戦後の高度経済成長期につくられた日本の古い教育システムをアップデートするには、これから何を最上位に位置付けて教育を行っていくのかを、改めて問い直すことが最も大切だということも、本章で指摘していきたいと思います。

幼児期に心と身体で学ぶ躾教育

まず私は第一に、人として当たり前のことを当たり前に行う躾が、日本の教育から抜け落ちているのではないかと思っています。日本国内外で空手を通して「気」による人間の潜在能力の開発指導を行っている宇城憲治先生の「心身統一体」の理論をベースにした教育を、カンボジアのＣＬＡで、日本に先んじて実践しているのもそのためです。

第２章でも述べた通り、ＣＬＡの幼稚部では「心身統一体」の理論にもとづき、礼儀正しさ、ものを大切に扱うことの大切さ、嘘をつくことはよくないこと、感謝の気持ちや相手を思いやる心の大切さなどを、身体全体で学んでもらっています。

日本の学校では、たとえば「こんなことはしてはいけません」とか「嘘をついてはいけません」、「ものを大事にしなければいけません」と、単に言葉で教えているだけです。ですから子どもたちは「はい」と口ではいっても、それがなぜいけないのか、逆にそれがなぜいいことなのかが、身にしみてわかっていません。

頭ではわかっていても、気づきがなく、身にしみてわかっていないので、当たり前のことが習慣として根付かず、同じ失敗を繰り返してしまうのです。

その意味で、とくに幼児教育では、言葉だけで教えてはなりません。身体全体を通じて教え、気づかせ、わからせることが非常に大切です。

たとえば、宇城憲治先生の『心と体　つよい子に育てる躾《しつけ》』（どう出版）には、相手を思う気持ちが心身を強くする例が紹介されています。

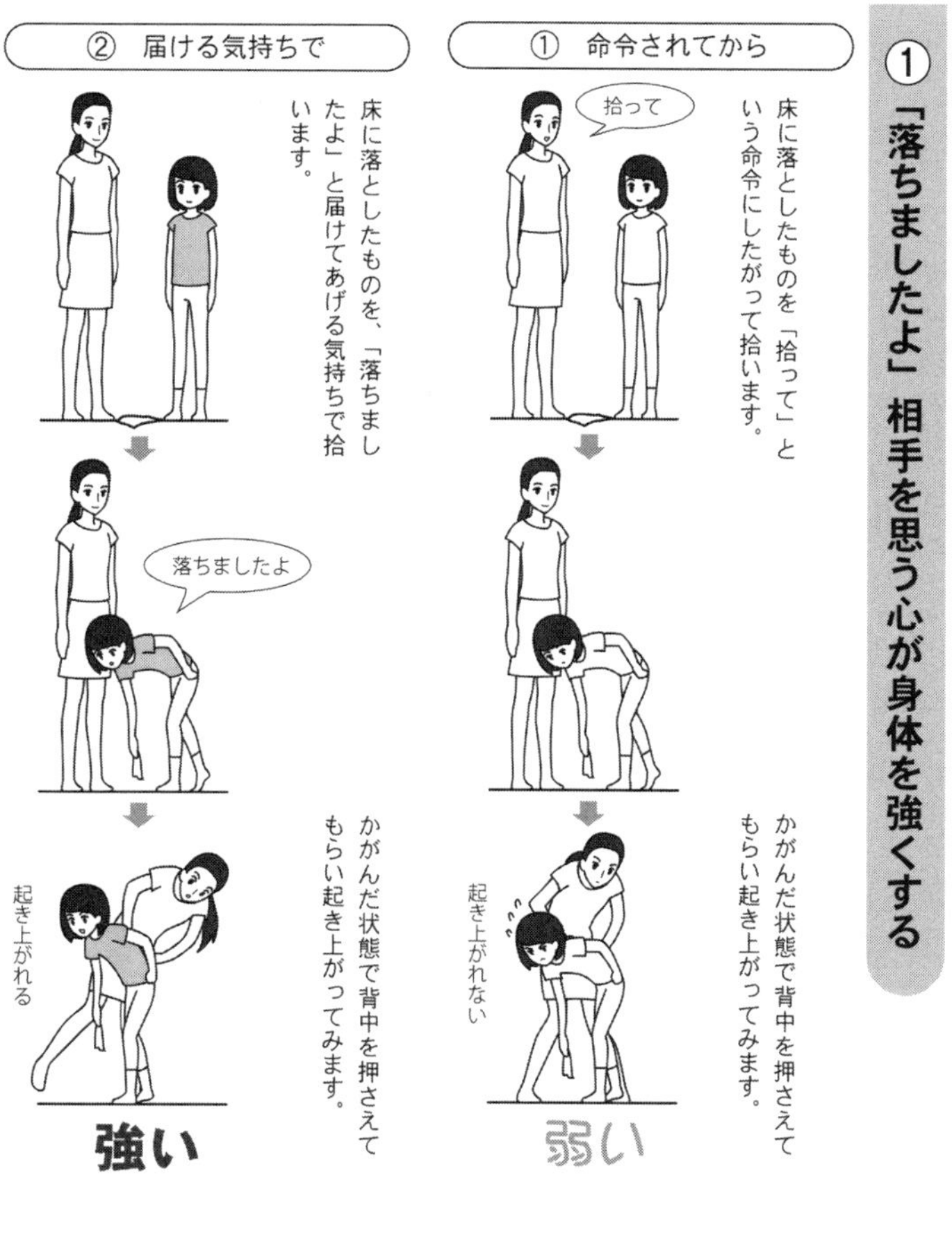
①「落ちましたよ」相手を思う心が身体を強くする
① 命令されてから
床に落としたものを「拾って」という命令にしたがって拾います。
拾って
かがんだ状態で背中を押さえてもらい起き上がってみます。
起き上がれない
弱い
② 届ける気持ちで
床に落としたものを、「落ちましたよ」と届けてあげる気持ちで拾います。
落ちましたよ
かがんだ状態で背中を押さえてもらい起き上がってみます。
起き上がれる
強い

出典：宇城憲治先生『心と体　つよい子に育てる躾《しつけ》』（どう出版）

②気合いの「よっしゃ！」は衝突し「ありがとう」は調和する

やってみよう！

①　気合いを入れて 押す

2～3人が1列となり、両手で肩を支えます。
押す人は、「押すぞ」という気持ちで「よっしゃ！」などの気合を入れてから、列を押します。

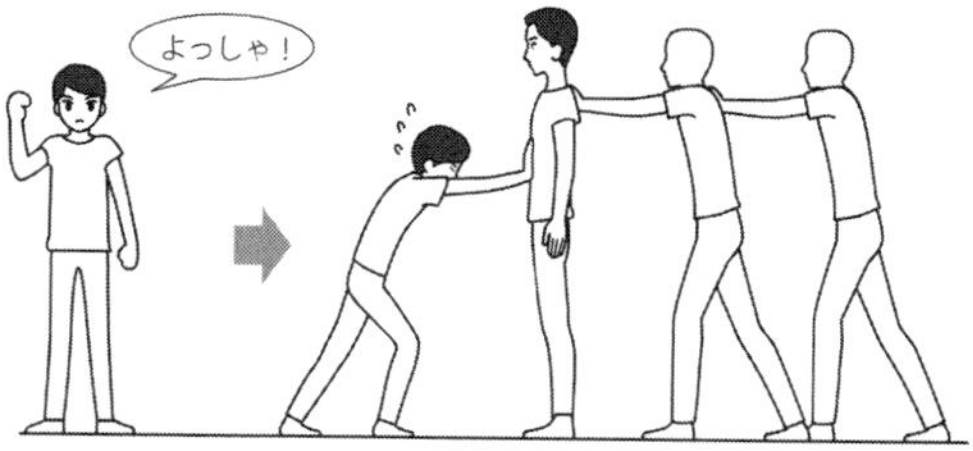
よっしゃ！

気合いを入れてから
前に進む

弱い

（前に押さず、ストッパーとして支える）

②　感謝の礼をして 押す

次に、先頭の人に、「ありがとうございます」と礼をしてから列を押します。

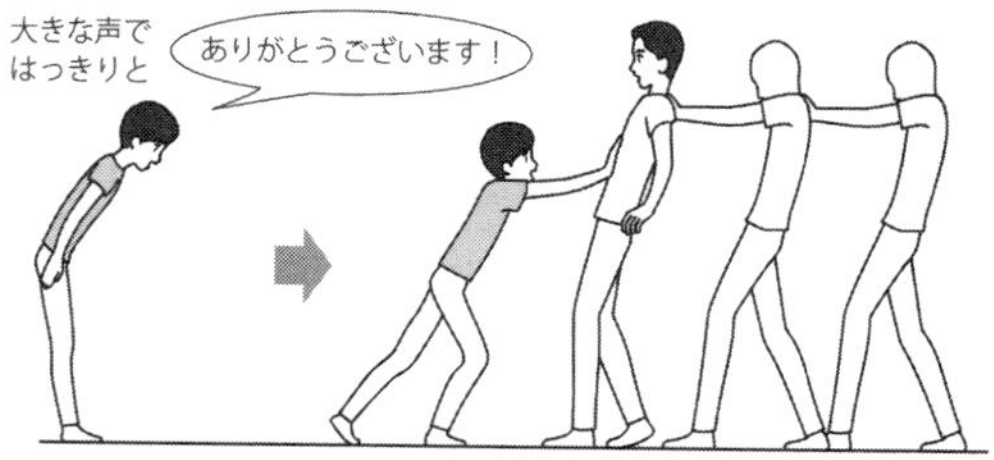
大きな声で
はっきりと
ありがとうございます！

挨拶と礼をしてから
前に進む

強い

出典：宇城憲治先生『心と体　つよい子に育てる躾《しつけ》』（どう出版）

今、部屋の床にペンが落ちているとします。「そのペンを拾って」という相手の指示にしたがって、あなたが身体をかがめた瞬間に背中を押さえられると、あなたは起き上がれません（図解①）。

ところが、あなたが床に落ちているペンを見つけて、それを相手に「落ちましたよ」と届けてあげる気持ちでペンを拾うと、上から押さえられても、スッと起き上がることができるのです。

実際にやってみるとわかるのですが、ペンを拾う動作1つをとっても、自分の心の中に「相手を思う」気持ちがあるかどうかだけで、これだけ違うのです。

もう一つ、心の在り方で身体の強さが変わる例を、同書から紹介したいと思います。

今度は図解②のように、2、3人が列となり、両手で前の人の肩を支えます。押す人は「押すぞ」という気持ちで「よっしゃ！」などと気合いを入れてから、列を押します。

ところが、最前列の人を一生懸命に押しても、びくともしません。

一方、最前列の人に「ありがとうございます」と、大きな声ではっきりと挨拶をしてから押すと、容易に力が伝わり、最前列の人を動かすことができます。

「よっしゃ！」という自己中心的な気持ちで押すと、自分の身体は弱くなり、「ありがとうございます」と感謝の心を込めて礼をすると強くなることが、実際に皆さんでやっていただくと体感できると思います。

さらに、押す人が近くを見たまま最前列の人を押しても動きませんが、遠くを見て押すと、容易に動かすことができます。同じ動作でも、近くを見たままそれを行うのか、遠くを見据えながら行うのかによっても、相手に対する力の伝わり方は大きく違ってくるのです。

このように、実際に身体を動かしてみると、ペンを拾う動作1つをとっても「自分で拾って渡してあげようと思うと力が強くなり、『ペンを取って』といわれて拾うだけでは力が弱いんだな」ということに、子どもたちが自ら気づき、納得してくれます。

また、近くを見ながら相手を押してもなかなか動かないのに、遠くを見ながら相手を押せば容易に動かせることを、子どもたちに体感させてから、「今さえよければいいと考えるより、将来のことを考えたほうが力が出るんだよ」と教えてもいいでしょう。

そうした気づきを繰り返すことで、子どもたちに、心の中で本当に考えていることは行動に現れるものだということを、理解させたいのです。

偉人の「生き様」に学ぶ志教育

幼児教育において、心と身体の関係を学びながら躾教育を行ったあと、小学校では、偉人伝に数多く触れることで、人としての「在り方」や生き方を学ぶ段階に移ります。

第1章で触れた渋沢栄一もぜひ授業で取り上げたい立志伝中の人物ですが、私が子どもたちに志と生き様を教えたい人物は、なんといっても坂本龍馬です。

坂本龍馬は幕末の土佐藩の「下士《かし》」と呼ばれる下級武士の家に生まれました。当時、武士の身分は、要職への道が開かれていた上級武士の「上士《じょうし》」と下士に分かれており、両者のあいだでは言葉遣いも異なり、結婚も認められていませんでした。

江戸で剣術を修行した龍馬は、27歳のとき、土佐で尊王攘夷《そんのうじょうい》運動を推進した土佐勤王《きんのう》党に加わり、その翌年に脱藩します。脱藩とは許可なく藩外に出ることで、重罪とされていました。

そういう下級武士の家柄で、しかも脱藩という犯罪を犯した人物が、なぜ薩摩藩と長州藩という、倒幕を主導した当時の二大勢力の同盟を成立させ、日本を変えるきっかけをつくることができたのか。

それは、とりもなおさず、志です。

彼に強い志があったからこそ、下士の家に生まれ、二十代で脱藩した一介の浪士にすぎない龍馬の考え方が、その頃、薩摩藩の藩政の中枢を担う要職にあった西郷隆盛を始め、薩摩・長州の重臣たちの心に刺さり、彼らが気づかされ、動かされたのです。

そういう龍馬の生き様から、志や人としての「在り方」を学び取ってほしいのです。

食べる投資　ハーバードが教える世界最高の食事術

満尾 正／著

最新の栄養学に基づく食事で、ストレスに負けない精神力、冴えわたる思考力、不調、痛み、病気と無縁の健康な体という最高のリターンを得る方法。ハーバードで栄養学を研究し、日本初のアンチエイジング専門クリニックを開設した医師が送る食事術。

◆対象：日々の生活や仕事のパフォーマンスを上げたい人

ISBN978-4-86643-062-1　四六判・並製本・200 頁　本体 1,350 円＋税

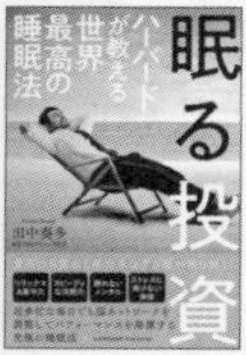

眠る投資　ハーバードが教える世界最高の睡眠法

田中奏多／著

昼の生産性は夜の過ごし方で決まる！　一流のビジネスパーソンは“動くための休み方”を熟知している。超多忙な毎日でも睡眠に投資することで脳ネットワークを調整し、パフォーマンスを発揮。心と脳と身体を整え、究極の眠りを手に入れる方法。

◆対象：仕事でよりよいパフォーマンスを発揮したい人

ISBN978-4-86643-081-2　四六判・並製本・196 頁　本体 1,350 円＋税

薬に頼らずアトピーを治す方法

宇井千穂／著

40 万部ベストセラーシリーズ最新刊！　人気女優も足しげく通うアトピー性皮膚炎の名医が教える治療法を漫画入りでわかりやすく解説！　ステロイド・抗アレルギー薬に頼らない体質改善法を紹介。

◆対象：アトピーに悩んでいる人

ISBN978-4-86643-091-1　B6 変形判・並製本・188 頁　本体 1,300 円＋税

きみと息をするたびに

ニコラス・スパークス／著
雨沢 泰／訳

著者累計 1 億 500 万部！「ニューヨーク・タイムズ」でもナンバーワンとなった話題の一冊、ついに日本上陸！　大人の男女が出会い、数十年の月日と大陸を超えた愛を伝える、一大恋愛叙事詩。

◆対象：ラブロマンスが好きな人

ISBN978-4-86643-078-2　四六判・並製本・352 頁　本体 1,500 円＋税

天気が良ければ訪ねて行きます

イ・ドウ／著
清水博之／訳

韓国で 20 万部突破！　パク・ミニョン × ソ・ガンジュン豪華共演のドラマ原作本、ついに邦訳刊行！　心温まるヒーリングロマンス。傷つくことを恐れる人、傷つくことに疲れた人。それぞれが再び人生を歩み始めるまでの、心温まる愛の物語。

◆対象：韓国ドラマが好きな人、ラブロマンスが好きな人

ISBN978-4-86643-087-4　四六判・並製本・424 頁　本体 1,500 円＋税

グラッサー博士の選択理論　全米ベストセラー！

～幸せな人間関係を築くために～

ウイリアム・グラッサー／著
柿谷正期／訳

「すべての感情と行動は自らが選び取っている！」
人間関係のメカニズムを解明し、上質な人生を築くためのナビゲーター。

◆対象：良質な人間関係を構築し、人生を前向きに生きていきたい人

ISBN978-4-902222-03-6　四六判・上製本・578 頁　本体 3,800 円＋税

他にも、野口英世は貧しい中から、どんな志を抱いて医師になり、世界の医学の発展に尽くすようになったのか。白熱電球や蓄音機、映写機を始め約1300件の発明をなしとげた発明王・エジソンなら、「私は失敗したのではない。1万通りのうまくいかなかった方法を見つけただけだ」という、失敗を重ねてもあきらめない強い意志を学んでほしい。

目が見えない、耳が聞こえない、口がきけないという三重苦にもめげず、大学を優秀な成績で卒業し、障害者の救済に尽力したヘレン・ケラーや、インド・カルカッタ（現・コルカタ）のスラム街に住んで青空教室を開いたり、路上で亡くなりそうになっている人の死を看取る施設をつくるなど、生涯を貧しい人々のために働くことに捧げたマザー・テレサの生き方は、私たちの胸を打つものがあります。

このように、世の中を大きく変えたり、人々の幸せや世界平和のために尽くした人物には立派な志があるということを学んでもらうために、子どもたちに偉人伝をたくさん読んでほしいと私は思います。

ともすれば、子どもたちに「志とは何か」ということを、どう教えたらいいのかと疑問に思う先生や親御さんもいるかもしれませんが、志は人それぞれで異なり、正解はありません。志は、先生や親から教わるものではなく、歴史上の人物や、社会、世界に大きく貢献した人々のさまざまな生き方や生き様から、子どもたち自らが気づき、発見していくものです。

偉人伝を読み、ある人物の生き様に触れ、「自分もこの人のようになりたい」という思いが自分自身に向くのが夢で、それを「この人のように社会に役立つようになりたい」と外に向けられるようになったとき、夢が志へと変わるのです。

だから、私が小学校の先生なら、「みんなは自分の一生をどう生きたいと思う？たとえば『自分は誰のような生き方をしたいのか』と考えればヒントになるから、偉人伝をたくさん読んでごらん」と話します。

その言葉をきっかけに、子どもたちは、偉人伝を読み、「この人はこう考え、こんな生き方をしたのか」とか、「この人は子どもの頃にこんな体験をしたことがきっかけで、こういう人生を歩んだのか」と気づいてくれるでしょう。

「これを覚えなさい」とか「正解はこうです」ということを教えるのではなく、気づきの場を与えることが本来の教育だと私は思います。

社会が求める「問題発見能力」と「問題解決能力」

日本でも一部の学校ではＰＢＬが導入され、うまく活用できているようですが、私はこれを、小学校の低学年から、すべての学校で導入すべきだと思います。

それはなぜかというと、自ら問題を発見し、解決していく能力を持つ人材が、企業はもちろん、今社会のあらゆる分野で必要とされているからです。

また現在、問題解決のために必要となる知識の大半は、インターネットで探せるようになっています。だから、歴史の年号や化学記号といった知識をどれだけ覚えているか、ということよりも、ある問題や課題を解決するために必要な事柄を、スマートフォンやパソコン、タブレット端末などを使ってどうやって調べるかということのほうが、むしろ大切なのです。

ですから先生も、「問題を解決するために、自分でいろいろ調べてごらん。国語も算数も、自分で調べて勉強していいんだよ」といって、子どもたちにタブレット端末などを渡すべきです。子どもたちが調べてもわからないことがあれば、先生がサポートすればいいのであって、先生が主役になって教えるのではなく、子どもたちが自ら考え、調べ、議論し、答えを出していくことをモデレートするのが、これからの教育だと私は思います。

実際、ハーバード・ビジネススクールの授業では、学生全員がお互いの顔が見えるような形で座ります。そこで教授から出された課題に対して、お互いが意見を出し合い、活発な議論を行います。

彼らは、相手の意見に対して否定をせず、認めたうえで自分の意見を述べます。「そういう考え方もあるね。でも自分はこう思う」というように、他の人たちの意見を尊重しながら、自分の意見を述べていく中で、異なる意見を聞いて新しい気づきを得たり、自分の意見を変化させていきながら、課題に取り組むのです。

教授はあくまでもモデレーターであり、議論が本質からずれていないか、同じ会話が繰り返されていないか、議論がきちんと進んでいるかどうかなどをチェックし、コントロールする進行役にすぎません。授業が終わってから自主的に調べたり、集まって議論するのも自由です。

ハーバード・ビジネススクールでは課題を解決するのはあくまでも学生なのです。

このように、教師は生徒に答えを教えるのではなく、生徒が答えにたどり着けるように、また、答えにたどり着くまでの学びが充実するように導くことが、求められているのです。

ところで、ＰＢＬと呼ばれるものには、「Problem-based Learning（プロブレム・ベースド・ラーニング）」と「Project-based Learning（プロジェクト・ベースド・ラーニング）」の２つがあります。日本語訳では双方とも「問題解決型学習」なのですが、「Problem-based Learning」のほうは、最初に解決すべき問題が提示され、その問題の解決策をまとめる学習方法です。一方、「Project-based Learning」は、より広いテーマが提示され、生徒たちがその中から解決したい問題を決め、学び合いながら解決策を考えていくというものです。

日本では両者が同じように扱われている面もありますが、私は、生徒たちが広いテーマの中から解決したい問題を見つけ（問題発見能力）、問題を解決していく（問題解決能力)「Project-based Learning」がより望ましいと考えています。

問題を発見し、解決するという学びのプロセスの中で、従来の理科や社会、算数、国語などの知識がうまく活用されることが理想的で、試験で良い成績を得るために覚える知識ではなく、問題解決に活用できる知識を身につけさせていくことが本当の教育だと、私は思います。

その際に大切なのは、学年の枠を取り払ってグループをつくり、PBLを実行することです。小学生の場合は、年齢が上の子どもが下の子どもに教えるケースが多いと思いますが、下の子どもたちは年長者を見習うことで学びのスピードが速くなります。また先にも述べた通り、子どもたちは社会に出てから、さまざまな年齢の人たちと一緒に働くことになるので、とくに中学生頃からは、異なる学年の生徒との協働を通じて、一緒に学ぶ仲間としてのつながりを経験することも重要です。

結局のところ、PBLは子どもたちに問題を発見させ、考えさせ、解決させる力を身につけてもらうためのトレーニングの場なのです。

現在もコロナ禍が続く中、CLAでも、子どもたちが在宅で「Zoom」を使って授業を受けていますが、中にはご飯やお菓子を食べながら授業を受けている子どもがいるということが先日話題になりました。

ご飯やお菓子を食べながら授業を受けるのは、たしかによくありません。でも問題は、それをどうやって子どもたちに教えるかということです。

「それはよくないことだよ」とか「やめなさい」と、先生がいうのは簡単ですが、私なら子どもたちに「授業中にお菓子を食べてもいいのかな、それともお菓子を食べるのをやめたほうがいいのかな？　みんなで話し合ってくれないか」と話します。

「僕は食べていいと思う」という子どももいるでしょうし、「勉強に集中することができなくなるから、いけないと思う」と反対する子どももいるでしょう。そうやって、お互いに議論を進めていく中で、子どもたちが「先生、私たちは勉強に集中したほうがいいと思うので、授業中にお菓子などを食べるのはやめようということに決めました」という答えを出したら、「それは素晴らしいね」と先生もいえるでしょう。

逆に、議論の末、お菓子を食べながら勉強しても構わないという結論が出た場合でも、先生は「そういう考え方もたしかにあるね。でも、お菓子を食べながら難しい話を聞いたり、問題を解くことに集中できるかな？」と逆質問し、さらに考えてもらうことで、子どもたちを正しい方向に導くことができるのです。

このように、みんなで話し合い、みんなで答えを出していくことによって、子どもたち一人ひとりが、「なぜそういうことをしてはいけないのか」とか「なぜこうしなければならないのか」という理由や問題の本質を、身にしみて理解することができるようになります。

先生や親が結論を出し、「こうしなさい」、「こうでなければ駄目です」というのは簡単ですが、「先生がこういったからこうなんだ」とか「親がこうだというからこうなんだ」という程度の理解では、子どもたちは、先生や親が教えたいことを本当に納得したうえで、行動を変えることはできません。

だからこそ、他の人の意見を聞きながら、自分の考え方もしっかり伝え、問題についてみんなで話し合い、結論を出すことが重要なのです。そのためにも、先生や親は、仮に正しい答えがわかっていたとしても、「みんなはどう考えているのか教えてほしい」とか「何が正しいのかを教えてほしい」と逆質問するべきでしょう。

そうすれば、子どもたちは、先生や親に「答えを教えてあげよう」と思い、一生懸命に考えてくれるはずです。

ＩＣＴ教育の目的を子どもたちにわかりやすく説明できるか

ＩＣＴ教育については、たとえば２０２０年度から小学校で必修化されたプログラミング教育や、国が今、前倒しで進めている「ＧＩＧＡスクール構想」も、いわゆる学校の情報化のベースとして大変重要であることはいうまでもありません。

たとえば小学校では２０２０年度、中学校では２０２１年度から全面実施された国の学習指導要領（高校では２０２２年度から実施）では、「『情報活用能力』を『学習の基盤となる資質・能力』と位置付け、教科横断的に育成する旨を明記するとともに、小・中・高等学校を通じてプログラミング教育を充実」させると定められています。

一方、ＧＩＧＡスクール構想について、文部科学省（以下、文科省）は、

・「1人1台端末と、高速大容量の通信ネットワークを一体的に整備することで、特別な支援を必要とする子供を含め、多様な子供たちを誰一人取り残すことなく、公正に個別最適化され、資質・能力が一層確実に育成できる教育ICT環境を実現する」

・「これまでの我が国の教育実践と最先端のICTのベストミックスを図ることにより、教師・児童生徒の力を最大限に引き出す」

と解説しています。

ところが、これらの解説を読んでも、プログラミング教育やGIGAスクール構想を「どう」やるのかということは書かれていても、「何のために」やるのかがよくわかりません。

実際、フォーバルでも教育分野のDX（デジタル・トランスフォーメーション）支援を進める中で、学校関係者の方に「GIGAスクールはなぜ必要なのですか」と尋ねても、「それは社会のニーズに応えるためです」程度の曖昧な答えしか返ってこないことが数多くあります。

それゆえ、実施する学校側はもちろん、教わる生徒の側も、なぜＧＩＧＡスクールが必要なのか、加えてプログラミング教育をなぜやるのかという、本来の目的を理解することが最低限必要ではないかと私は思うのです。

カンボジアのＣＬＡで、日本に先駆けて実施しようとしているロボット・ＡＩ教育も加え、私たちがＩＣＴ教育を行う本来の目的とは何かを、今、改めて問い直したいのです。

ＩＣＴ教育を行う本来の目的は、私たち一人ひとりがより人間らしく幸せに生き、１日という限られた時間をより有効に、楽しく、有意義に過ごせる社会をつくるためだと私は思います。

そのためにロボットやＡＩなどを活用し、機械でできることはどんどん機械に任せていくうえで、プログラミングの知識や技能を持った人材を育成する必要があり、未来を見据えた教育のインフラとしてＧＩＧＡスクール構想が不可欠だということになるでしょう。

その前提を踏まえたうえで、学校教育にも１人１台コンピュータや高速大容量の通信ネットワークなどが必要になる、ということを国も学校もきちんと説明する必要があるはずです。

しかし現在、教育界で、その前提を抜きにして、いきなりプログラミングやロボットなどの技術論に入っていることは問題だと思っています。

私は以前、ＣＩＥＳＦの会議で、ＣＬＡが取り組もうとしているロボット・ＡＩ教育は「諸刃の剣」だと話したことがあります。その理由は、ＡＩやプログラミングなりがなぜ必要なのかという本来の目的を理解させ、その弊害についてもきちんと教えていかなければ、プログラミングやＡＩの面白さに触れ、興味本位だけで知識やスキルを高めた子どもたちが、将来、単なるゲーマーやハッカーになってしまいかねないと思うからです。

ロボットにしてもＡＩにしても、現在世界中で軍事利用の研究が進められているという事実もあります。その意味でも、ＩＣＴ教育の本来の目的をきちんと理解させながら、人としての「在り方」を、子どもたちにしっかりと教えていく必要性が、今後ますます高まっていくと私は思います。

子どもたちが主体的に学び、考えることを阻んでいるものは何か

第2章で述べた通り、自己肯定感が高い子どもは、自分は価値のある存在だと感じ、自分に自信を持ち、物事に取り組む意欲が高いという特徴を持っています。逆に、自己肯定感が低く、自分に自信が持てない人は、子どもや大人に限らず、自分とは異なる他人の存在や意見、価値観などを認めることができないという傾向があります。

国立青少年教育振興機構が２０１５年に発表した「高校生の生活と意識に関する調査報告書」によると、日本では高校生の自己肯定感が、アメリカ、中国、韓国に比べて圧倒的に低いことがわかっています。

たとえば同調査の「自分はダメな人間だと思うことがあるか」という質問に対して、「とてもそう思う」と「まあそう思う」を合わせると72・５％に達しており、

アメリカの約1・6倍、中国の約1・3倍、韓国の約2・1倍にも達しています。

実際に、日本の大学生を対象とした調査で、自己肯定感の低い学生ほど死のうと思ったことのある傾向が強いと指摘する研究もあります。

一方、日本財団が日本、アメリカ、イギリス、ドイツ、中国、韓国、インド、インドネシア、ベトナムの9カ国で2019年に行った第20回「18歳意識調査」(社会や国に対する意識調査)で、「自分を大人だと思う」、「自分は責任がある社会の一員だと思う」、「将来の夢を持っている」、「自分で国や社会を変えられると思う」、「自分の国に解決したい社会課題がある」、「社会課題について、家族や友人など周りの人と積極的に議論している」という6項目の質問すべてに対して、「はい」と答えた人の割合が日本は最下位でした。

自分の国の将来について「良くなる」と答えた人の割合も、9・6%と最下位で、日本の若者たちの自己肯定感の低さに加え、将来に対する閉塞感も読み取れます。

私は、日本の若者の自己肯定感がこれほどまでに低くなってしまった1つの理由は、子どもたちの得意なところを褒めて伸ばす教育が行われてこなかったことにあると考えています。

従来の日本の教育では、親や先生が教えたことを、子どもたちにきちんとやらせるために、本人が苦手なことや、やりたくないことを克服することに重点が置かれてきました。そうした中で、私たちも、自分のできないことをできるようにするために努力することが勉強であり、それが一番大切だと教えられてきたのです。

そのようにして、親や先生から、自分のできないことにばかり焦点を当てられている子どもたちは、自分の悪い面だけを見なければならなくなっています。しかも、親や先生には、子どもたちが得意なところを褒めて伸ばすという発想があまりみられません。

子どもたちの自己肯定感を低下させているのは、それだけではありません。親や先生が不用意に発する、「あの子はちゃんとできるのに、あなたはなぜできないの？」という言葉に、子どもたちは傷つき、劣等感を植え付けられているのです。

日本の子どもたちは幼い頃から、「お姉ちゃんはちゃんとできているんだから、よく見習いなさい」とか「近所の○○ちゃんは、90点を取っているのに、なぜあなたはこんな点数しか取れないの？」と、兄弟姉妹や他の子どもと比較され、「あな

た は駄目だ」というメッセージを送り続けられています。

そういう環境で育つうちに、「できないのは自分が悪いからだ」と思い込むようになった結果、若者たちは自分を受け入れることができなくなり、自己肯定感が低下したのだと私は考えています。

これに対し、とくに欧米諸国では、子どもが「できている」ことを褒める「美点凝視」の教育が行われており、家庭教育では、親が子どもに対してきちんと愛情表現をすることに重きが置かれています。もちろん文化や価値観の差による部分もありますが、これは日本の教育に欠けている最も大きなものかもしれません。

こうした自己肯定感の低さは、他の人の意見を聞きながら、自分の考え方もしっかり伝え、問題についてみんなで話し合い、結論を出していくＰＢＬを実践するうえでも大きな影響を及ぼします。

たとえば、議論をしても、他人をすぐに否定して自分の意見を強固に押し通そうとするのも、逆に、自分の意見をまったくいえず、議論に参加できないのも、自分に自信が持てないからです。その意味で、他人を認めることは、自分に自信がなければできないことだともいえるのです。

さらにいえば、自己肯定感の低さは、日本人のグローバルなコミュニケーション能力の不足にも大きく関係していると考えられます。

実際、国際社会で「日本人は自己主張が下手」だとよくいわれますが、その一方で、国内では、単なる「わがまま」が自己主張と混同されています。

相手の気持ちや都合を考えず、一方的に自分の気持ちや考え方を押し通そうとする「わがまま」が、自己主張だと勘違いされているので、価値観も意見も異なる相手と議論をしていくうえで必要となる、本物のコミュニケーション能力が育たないのです。

本物のコミュニケーション能力とは、自分の意見を相手に理解してもらうために話をし、相手の意見を理解するためにしっかりと聞く能力です。

国際社会で活躍するためには英語力が必要で、日本人は英語が苦手だといわれていますが、それは英語力だけの問題ではありません。自分の意見を相手に理解してもらうために話をし、相手の意見を理解するためにしっかりと聞く訓練を積んでこなかったためなのです。

一方、欧米ではディベート教育が盛んで、学校教育の中でも、自分の意見をしっかり話し、相手の意見をきちんと聞くことを通じて、個性を尊重し相互承認力を高める教育に力を入れています。

日本ではよく勘違いされていますが、ディベートに求められるのは、相手を攻撃し論破する能力ではありません。まさに、自分の意見を相手に理解してもらうために論理を組み立てて話し、相手の意見を理解するためにしっかり話を聞く能力です。ディベートを通じて、意見の違いも含めてお互いを認め合うことで、自分の意見についても自信を持って主張する経験を積むことができるのです。

結局のところ、これまで日本の学校や家庭で行われてきた教育は、子どもたちの自己肯定感や相互承認力を大きく低下させるものでした。ここを変えていかなければ、子どもたちは「自分は駄目だ」という劣等感を克服することはできないでしょう。

もしそうなれば、チャレンジをする前に「どうせ無理」だとか「できっこない」とあきらめてしまうのはもちろん、子どもたちが自ら問題を発見し、みんなで話し合って解決していく能力を育てるＰＢＬも、十分にその役割を果たすことができなくなるかもしれません。

人間性の向上と「生きる力」の養成が教育の真の目的

先に本章で、ＩＣＴ教育の本来の目的はロボットやＡＩを活用し、機械でできることはどんどん機械に任せ、私たち一人ひとりがより人間らしく幸せに生き、１日をより有効に、楽しく、有意義に過ごせる社会をつくることにあると述べました。

なぜかというと、ＩＣＴ教育に限らず、日本の教育全般において、目的と手段が混同されていることが、あまりにも多いからです。

それはどういうことかというと、これから何かを新しく始めたり、何かを変えようとするときには、まずその目的を明確にしなければなりません。

目的を達成するために手段があり、目的は手段の上位に位置します。そして、その目的の中でも最上位に来るものが、人間としての「在り方」や生き方であり、これは学校教育でも経営でも同じです。

企業経営の場合、最上位の目的は「会社としての『在り方』」であり、それは最終的に社会貢献と存続ということになります。

たとえばそれは、カンボジアを始めとする途上国の教育支援のような形を取ることもありますが、日常の企業活動の中では、お客様に「ありがとう」といってもらえるような商品やサービスを提供することが、その起点です。企業が「社会貢献」という最上位の目的を達成するには、当然、会社が健全経営を実践しながら存続しなければなりません。そのために、たとえば企業理念やイノベーションが大切だという、手段の話になってくるわけです。

一方、教育における最上位の目的は、人間性の向上もしくは「生きる力」の養成にあり、ＰＢＬもＩＣＴ教育も、あくまでそれを達成するための手段にすぎません。

その意味で、目的を明確にしたうえで、目的達成のための手段として、問題発見力や問題解決力を高める授業を学年の枠を越えて実施する。あるいは、子どもたち一人ひとりの理解度や学習進度に合わせた授業を行い、「吹きこぼれ」や「落ちこぼれ」をつくらないために、タブレットなどによる自学自習も導入しようという議論を進めるべきなのです。

ところが、最上位の目的から手段へとつながる一貫した流れを欠いたまま、手段をどうするかという議論を個別に進めているのが今の日本の現状で、子どもたちの人間性を向上させ、「生きる力」を育む本当の教育が実現できないのもそのためです。

算数、国語、理科などの科目で何を教えるのかということ以上に、人間の根幹部分である「人としてどうあるべきか」ということに子どもたちが気づくように、どう導いていくかを考えることのほうが、学校教育のうえでも大事なはずです。

私自身も、第1章で述べたように「大久保秀夫塾」で、若い経営者を対象に教育を行っていますが、私は塾生たちに人としての「在り方」、経営者としての「在り方」、会社としての「在り方」を、まず約1年半にわたって勉強してもらっています。

そのうえで、「在り方」をきちんと理解した塾生を対象にして、目的を達成する手段となる、「やり方」を学ぶ段階に移ってもらうのです。

「在り方」から「やり方」に移るまでにずいぶん時間がかかるのではないかと思う人もいるでしょう。でも、それぐらい時間をかけて「在り方」を学んでもらうことが重要で、自分は人として、経営者としてどうあるべきかに気づかないまま「やり方」を覚えると、それこそ目的と手段をはき違え、お金儲けに走って経営を失敗してしまうかもしれません。

これは教育についても同様で、子どもたちに「在り方」をしっかり学ばせないまま、「やり方」ばかりを教えようとするから、失敗するのです。

「子どもたちのため」の教育に立ち返れ

加えて、日本の教育の大きな問題は、授業1つをとっても、先生のペースで進められていることであり、子どもたちに本当に目を向けているのかどうか改めて考えたいところです。

子どもたちに何をどう気づかせ、わからせるのか。あるいは、どうすれば子どもたちが楽しく学べるかということを考えて授業をするという、「子どもたちにとって」という発想が教育の現場には足りないのではないかと思っています。

むしろ「学校にとって」や「文科省にとって」という発想ばかりが先に立ち、学校や文科省の都合を優先した画一的な授業や時代遅れの教育政策が進められている、と見えなくもありません。

昔のような大量生産・大量消費時代であれば、先生が子どもたちに「みんなこの通りにやりなさい」と指導すればよかったのかもしれません。でも、子どもたちの個性を尊重した教育の充実が求められるこれからの時代は、常に「子どもたちにとって」という視点に立ち、子どもたちを中心に据えた授業をしていかなければならないのです。

たとえば、子どもたちに「なぜ？」を繰り返して質問し、主体的に考えさせるのはもちろん、子どもたち一人ひとりのペースに合わせた授業を行うことも大切でしょう。

もともと小学校の6年間で勉強する内容が決まっているわけですから、極端な話、1年生に教えるある単元を3年生になってから教えてもいいはずで、4年生で教えたことを6年生で再度教えても構わないはずです。だから本来は「小学校の6年間の中でこれだけを教えればいい」という枠組みを決めておき、何を何年生で教えるかは、子どもたちの理解度に合わせて学校側に任せるというように、運用を柔軟化することは十分可能だと思うのです。

逆に、小学校の6年間で教える内容を3年間で終えることができた場合、飛び級をさせてもいいでしょう。むしろアメリカなどではそれが当たり前で、学年単位で学習内容を細かく区切らず、子どもたち一人ひとりの学習進度に合わせるという発想に転換すれば、日本の教育は大きく変わると思うのです。

私はこうした学校の授業の在り方を変えていくために、飛び級制度を実施するのと同時に、異なる学年の子どもたちが一緒に学ぶ「異学年制度」を導入すべきだと考えています。

繰り返しになりますが、子どもたちが大人になり、新社会人として就職したとき、職場には年上の先輩や上司がいて、2年目を迎える頃には後輩も加わり、一緒に働くのです。そんな環境で長い職業人生を歩んでいくにもかかわらず、学校で勉強しているときだけ同じ年齢の人だけで過ごすのは、はたして子どもたちにとって良いことなのか、私は疑問に思います。

そこで、たとえば小学校低学年の1年生から3年生の子どもたちが一緒に学ぶクラスを複数設け、高学年の４年生から６年生についても同様にクラス編成を行うのです。そうすることで、下級生は上級生から勉強などを教わる一方、上級生は下級生に教える経験を積むことで、人に何かを教えたり指導するにはどうしたらいいかを学ぶことができるようになります。

もちろん基礎能力の部分では、子どもたちの発達段階に応じて学年ごとに学んでいく内容も出てくることになっていくでしょう。でもタブレット端末などを活用した個別学習や飛び級制度を組み合わせることで、一人ひとりの能力に合った授業が受けられるようになります。

また、子どもたちを中心に据えた授業をどう実現するかについて、最近日本の教育界では、一方的な講義形式ではなく、子どもたちが能動的に参加する学習法である「アクティブラーニング」が注目されています。

アクティブラーニングにはＰＢＬや体験学習、調査学習などの他、グループディスカッションやディベート、グループワークが含まれますが、生徒の発言が少ない、取り組む姿勢に積極さを欠くなどの指摘もみられ、先生たちも従来のように、板書をしながら生徒に教えるスタイルからなかなか抜け出せていないようです。

実際、大学を対象に実施されたある調査では、アクティブラーニングの失敗要因として、先生たちの主体性教育に対する理解不足や「やらされ感」などが指摘されています。

あくまでも学ぶのは子どもたちであり、子どもたちのペースで、子どもたちが中心になって調べて学ぶことをサポートしモデレートするという、これまでの授業とは異なる指導力が先生たちに求められているわけです。

それだけに、現場の対応が追いついていないという事情もあるでしょう。だとすれば、教育現場における意識改革はもちろんですが、教員の養成方法も再検討する必要があると私は思います。

加えて、教室の改善も必要です。これまでのように、子どもたちが黒板の前に立っている先生のほうを向いて授業を受けるスタイルを改め、子どもたちがチームを組んで調べたり、意見を述べたり、話を聞きやすいように机の配置などを変えてみるのです。

従来の机をやめて丸テーブルを設け、子どもたちがお互いに顔を見て話し合える環境をつくるとか、1人で調べ物をするときに教室内の好きな場所に移動できるようにするなど、さまざまなスタイルの教室づくりが可能です。

こうした取り組みを通じて改めて意識したいのが、子どもたちが楽しく学べる教育をいかに実現するかということです。

たとえば日本人に英語が苦手な人が多いのは、学校教育で細かい文法から教わるからです。逆に、子どもたちが英語を学ぶことの楽しさを知れば、勉強を進めていくうちに、英語を正しく理解し、話し、書くうえで、文法がいかに大切かということに気づくでしょう。

これは算数や理科でも同様で、勉強の楽しさを理解すれば、子どもたちは自分で学んでいこうとするもので、放っておいてもどんどん先に進んでくれるようになります。

ところが、文科省の学習指導要領にのっとった授業では、勉強が得意な子どもは授業がつまらないと感じる一方、勉強が苦手な子どもは、教わっていることを理解できないまま授業がどんどん進んでいくので、さらに勉強嫌いになっていくのです。

その点、タブレット端末などによる個別学習を導入すれば、ある科目が得意な子どもは自分のペースでどんどん勉強を進めることができる一方、苦手な子どもは、わからないところを理解できるようになるまで、何度も繰り返し勉強できるようになります。

これまで日本の教育には、こうした「子どもたちにとって」という視点が欠けていました。子どもたちの学習ペースが顧みられることなく、先生のペースで授業がどんどん先に進むため、勉強嫌いを大量生産する結果に終わってしまったのです。

だからこそ、日本の教育界は「個の学習」にもっと真剣に取り組んでほしいと思います。ＩＴも大いに活用しながら、小学1年生の1学期にはこの内容を学ばせ、5年生の2学期にはこれを学ばせるという、学習指導要領に定められた画一的な学習プランを見直すことも含め、子どもたち一人ひとりのペースに合わせた教育の実現が望まれるところです。

こうした改革論をかけ声だけで終わらせず、子どもたちにいかに学ぶことの楽しさを気づかせるかということに、もっと心を砕き、創意工夫を凝らしていこうという志を同じくする先生たちと力を合わせ、私たちは教育改革に取り組んでいるのです。

第4章

親と経営者が変われば日本の教育は変わる

子どもたちに責任はない。教える側が変わらなければならない

世にいう教育論は、今子どもたちに何をどう教え、子どもたちをどう変えるのかということに主眼が置かれていることが多いと思います。

でも、子どもたちに責任はありません。私はむしろ、子どもたちが変わる前に、学校の先生や親が変わらなければならないと考えています。

私がこれまで40年以上携わってきた企業経営の経験からしても、社長が変われば社員が変わり、会社が変わるのです。社員を変えようとする前に、経営者が変わらなければ、会社は絶対に良くなりません。

同様に、家庭でも、まず親が変わらなければ子どもは変わりませんし、学校においても、先生が変わらなければ子どもたちは変わらないのです。

逆に、親と先生の両方が変われば、日本の教育は本当に大きく変わります。

私は、まず経営者が目覚め、人としての「在り方」や会社としての「在り方」についてきちんと教育を行い、子を持つ親であることも多い社員たちに気づきを与えることで、日本の教育を大きく変えるきっかけをつくることができると思うのです。

私に5歳から、人としての「在り方」を教えてくれた母

中でも親の存在は、子どもにとって本当に大きなものです。

私は5歳のときに交通事故に遭い、生死の境をさまよったことがあります。幼稚園の送迎バスから降りて道を渡ろうとしたそのときに、対向車線を走っていた車にぶつかり、約5メートル引きずられたのです。

またたく間に辺り一面が血の海になり、そこにいた誰もが、私は死んでしまったと思ったことでしょう。私の親のもとにも「息子さんが車にひかれて即死しまし

た」と一報がもたらされました。救急車でかつぎ込まれた病院の医師も、「お子さんはもう助かりません」と話していたそうです。

ところが、さまざまな奇跡が重なり、私は一命を取りとめたのです。

今では亡き人になって久しい母が、そのとき、

「あなたは普通ならもう死んでいる。でも、あなたには役割があるから、神様が特別にもう一つ命をくださったの。それを大事にしなさい。そして、人のために生きなさい」

と教えてくれたのです。

当時5歳だった私は、母の言葉を何気なく聞いていただけでしたが、その後も母は、なにかあるごとに同じことを何度も、何度も繰り返し話すのです。

「あなたは1回死んだのよ。でも、なぜ生きていると思う？　役割があるから神様が生かしてくれたのよ。人のために生きなさい」と。

母のその言葉が知らず知らずのうちに、心に染みついたのでしょう。私は大学に入学した頃には、司法試験を受けて検察官になり、世のため人のため、被害者の立場に立って戦おう、検事になれなかったら警察官になろうと思うようになったので

す。

結局、その後の私は経営者の道を歩むことになりますが、フォーバルの前身である新日本工販を設立してからも、私は内面から湧き上がってくる正義感を抑えられず、かつて電話機・電話回線ビジネスを事実上独占していた電電公社（現・ＮＴＴグループ）に戦いを挑み、新たな市場を切り拓いてきました。

振り返れば、私の67年間の人生は、「世の中は何かがおかしい、世のため人のために、片っ端から変えてやろう」という戦いの連続でした。おそらく、母から何百回、何千回といわれた「世のため人のために生きなさい」という言葉が、知らず知らずのうちに身に染みついていたのでしょう。

母は私に「どういう人間になってほしいか」という、人としての「在り方」をずっと教えてくれていたのです。

家庭教育も企業教育も「How to be（在り方）」が起点

第3章でも述べた通り、人としての「在り方」、すなわち「人としてどうあるべきか」を教えることは、教育における最上位の目的です。

次頁の図にも示した通り、家庭教育では親が子どもに「どういう人間になってほしいか」という思いを繰り返し伝えながら、「人間にとって幸せとは何か」ということに気づかせていくことが大切です。

そこで注意しなければならないのは、親の世代の常識や価値観の中には、子どもたちが大人になる頃には通用しなくなるものが多くあるということです。

実際、戦後の高度経済成長期のように「消費は美徳」という言葉が流行り、大量生産・大量消費がもてはやされた時代もありました。親の世代には花形だった業

教育
家庭
両輪
学校
How to beが大切
・わが子をどういう人間に育てたいのか
・「人としての幸せとは何か」を教える
・子どもが大人になる2､30年先の未来を見据えた教育を行う
・子どもが夢を持ち、それを社会に役立つ志に高めるきっかけを与える
How to beが大切
・生徒をどんな人間に育てていくのか
・自分の幸せとともに、他の人の幸せを大切にする生き方を教える
・生徒が将来、よりよい社会の担い手の一人として生きていくために、知識と心の教育を行う
・生徒が夢や志を実現するための指導やアドバイスを行う
How to beを具現化するためのHow to do
How to beを具現化するためのHow to do
そのために何を学ぶべきか(手段)
そのために何を学ぶべきか(手段)
教育
＝
学校と家庭両者で行うべき
人間性
知識
2つが必要
(今の教育は知識だけを重視)

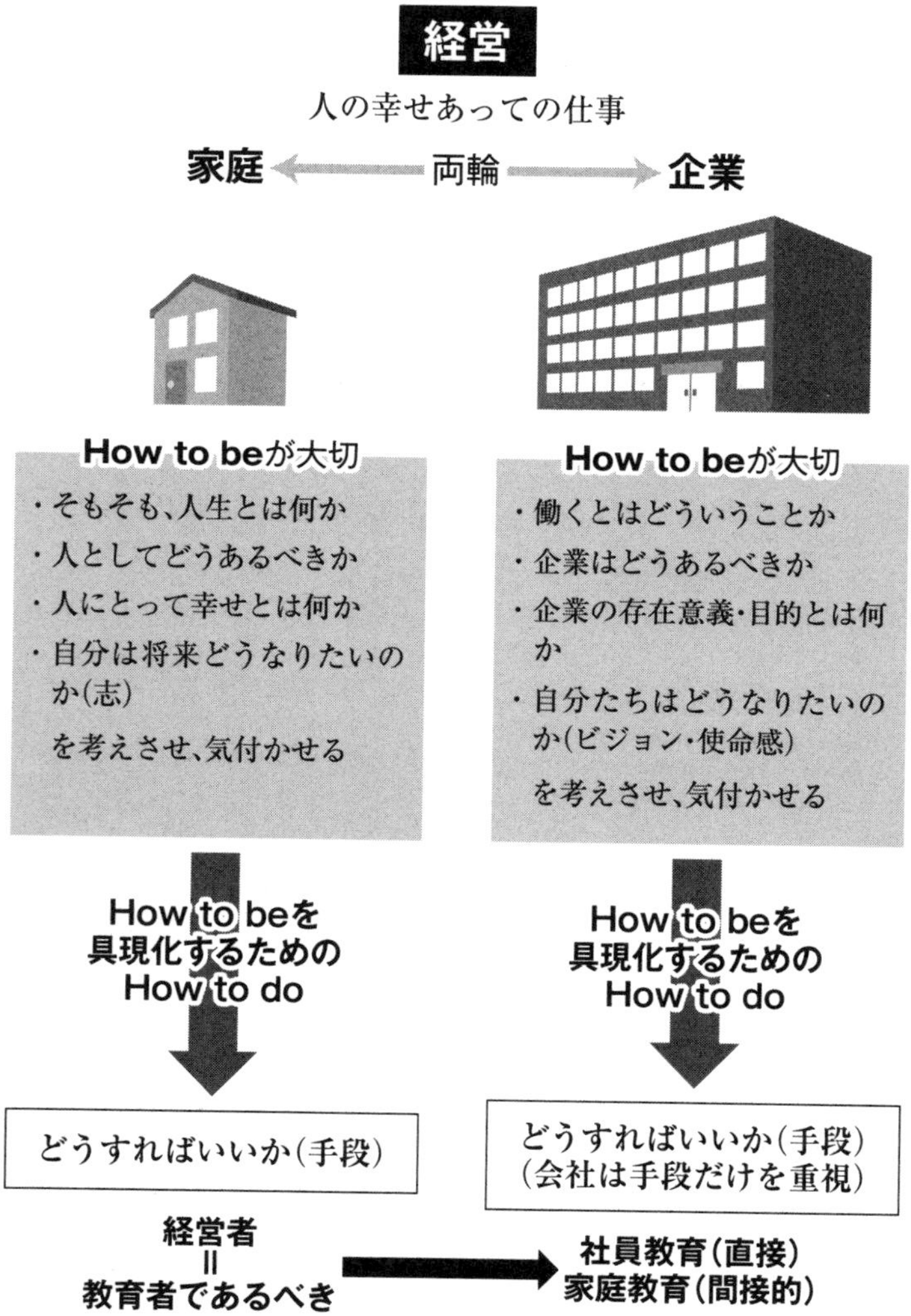
経営
人の幸せあっての仕事
家庭
両輪
企業
How to beが大切
・そもそも、人生とは何か
・人としてどうあるべきか
・人にとって幸せとは何か
・自分は将来どうなりたいのか(志)
を考えさせ、気付かせる
How to beが大切
・働くとはどういうことか
・企業はどうあるべきか
・企業の存在意義・目的とは何か
・自分たちはどうなりたいのか(ビジョン・使命感)
を考えさせ、気付かせる
How to beを具現化するためのHow to do
How to beを具現化するためのHow to do
どうすればいいか(手段)
どうすればいいか(手段)
(会社は手段だけを重視)
経営者
=
教育者であるべき
社員教育(直接)
家庭教育(間接的)

種・業界が、今では斜陽産業になっていることも少なくありません。ですから、なかなか難しいことではありますが、子どもたちが成長し、大人になる10年後、20年後に世の中はどう変わるのかを、親自身もよく勉強しながら、「将来、自分はこうなりたい」という夢を持たせ、それを「社会にこう役立ちたい」という志に高めていくことが大事です。

こうした「How to be（在り方）」の部分を明確にしたうえで、それを実現するためには何を学んだらいいのかという「How to do（やり方）」の段階に移るのです。

また図のように、家庭教育と学校教育はともに両輪の関係にあり、学校教育では子どもたちに自分はどういう大人になりたいか、自分にとっての幸せとは何か、人間にとって大切なことは何か、自分は将来どうなりたいのかという「How to be」の部分を考えさせ、気づかせたうえで、具体的にどんな教育を行うのかという手段についての議論を進めていくべきです。

一方、経営も家庭と企業の両輪の関係にあります。

企業経営で最も大切にしなければならないのは、「人の幸せあっての仕事」、つまり自社の商品やサービスはもちろん、社員一人ひとりの仕事は、人々の幸せを実現するためにあるということです。

それゆえ企業経営においては、最初に「社会性」があるかどうかを考えたうえで、事業に「独自性」があるかどうかを考え、最後に経営を継続するために「経済性」を検討します。「社会性」、「独自性」、「経済性」の順で意思決定を行うことが重要なのです。

この前提に立ち、企業では「How to be」を社員に学ばせていくのです。

家庭では親が子どもに人生とは何かということを考えさせ、気づかせていく一方、企業では、働くとはどういうことかということを、まず社員に考えさせ、自覚させなければいけません。同様に、生きるとはどういうことかは、企業はどうあるべきかという企業としての「在り方」に相当します。

さらに、家庭教育における「幸せとは何か」は、企業でいえば何が企業の本来の目的かということになり、子どもたちがどうなりたいかという個人の志は、企業でいえばビジョンやミッション（使命、使命感）にあたるのです。

まさに本来、この「How to be」の部分を具現化するために、「How to do」という手段をどうするかという議論をするべきなのですが、ともすれば手段ばかりに重きが置かれがちであることは非常に残念です。

その意味で、自社における「How to be」を明確にし、社員に気づかせ、納得させていくうえで、経営者は良き教育者でなければいけません。

子どもたちの前に、親こそ「気づき」が必要だ

ここで、まず親御さんに意識してもらいたいのは、「あなたはここがいけない」、「あなたはそこがわかっていない」と、子どもに指をさして叱るその指先を、自分自身に向けてほしいということです。

第一に、「いい学校に行って、いい会社に入ることが、あなたの将来のためになるんだから、勉強しなさい」と叱ることが、はたして本当に子どもの幸せのためになっているのでしょうか。「子どもたちのため」と思っていることが、実は、自分の親の時代には正しかった常識や価値観を、それが将来も通用するかどうかよく考

えないまま、引き継いでいるだけかもしれません。

幸いなことに、そこに気づいている親御さんも最近は増えているようです。本当に子どもたちの幸せを考えれば、今後の大きな時代の変化の中で子どもたちはどう生きていけばいいのか、子どもたちをどういう方向に導いていったらいいのかを、親自身がよく勉強しながら考えていかなければならないはずです。そこに気づかず、自分が引き継いできた一昔前の常識や価値観を押しつけてしまったら、子どもたちは道を誤ってしまうかもしれません。

その一方で、時代によって変わらない感謝の心や思いやり、人間性といった人としてあるべき行いや価値観も、子どもたちにきちんと教えていく必要があるでしょう。

こうした時代の大きな変化や、逆に時代によらず普遍的なものに目を向けないまま、「自分のいうことを聞きなさい」と子どもを叱ることが本当に正しいのかを、よく考えていただきたいのです。

叱ることが本当に正しいのか、という話を聞いて反発する親御さんも少なくないと思います。誰もが一生懸命、子育てに取り組んでいるのですから、その気持ちはよく理解できます。

実際、私も、孫を叱る私の娘に「そんなに怒ってはいけない」とか「そういういい方をしてはいけない」と話すたびに、彼女は反発したものです。

たしかに、私は第三者の立場に立っているからそういうこともいえるのであって、自分が当事者だったら感情が入ってしまい、厳しく叱ってしまうかもしれません。

そこで私は、「そういうことをするのは、○ちゃんらしくないよ」、「こうしたほうがもっとよくなると思うよ」と孫にいって聞かせるようにしました。「子どもたちにこう接してほしい」ということを娘に伝えるために、私は孫にそう語りかけるようにしたのです。

そんな私の諭し方を見て、娘は「あれっ」と思ったようです。

娘に気づいてほしいという思いで、意識的にしたことですが、感情をストレートにぶつけるのではなく、ある意味、自分自身を第三者的な立場に置いて子どもに接してあげてほしいと思ったからなのです。

感情の赴くままに叱ったら、子どもは成長しませんし、自己肯定感も向上しません。大人なら多少厳しく叱ってもわかってくれますが、子どもの場合、あまり厳しく叱りすぎると、心に傷がずっと残ります。

「1日を大切に生きる」こと、「幸せとは何か」をどう教えるか

また、テレビやゲーム、マンガなどに夢中になって勉強に身が入らないのを見て業を煮やしている親御さんや、勉強や習い事もそこそこやってはいても、そろそろ自分の生き方というものに目覚めて、一歩を踏み出してほしいと願う親御さんも多いのではないでしょうか。

逆に、親御さん自身が、子どもに「お父さん、お母さんは本気で生きている」と自信を持っていえるでしょうか。また、学校の先生も生徒たちに向かって、自信を持ってそういえるでしょうか。

「本気で生きなさい」、「1日を大切に生きなさい」といくらいっても、子どもたち

が一向に変わらないのは、それを教える側が、今日という日の大切さを自覚していないからかもしれません。それゆえ、子どもたちはどうやって1日を大切にして生きていったらいいのかわからないのです。

1日を一生懸命生きるという意味で、良いお手本になるのが、私とは旧知の間柄であるアメリカンファミリー生命保険（現・アフラック生命保険株式会社）創業者の大竹美喜・元最高顧問です。大竹さんはクリスチャンで、毎晩寝る前に30分をかけてお祈りをすることで1日の反省を行い、朝起きたらまた1日の誓いを立てるのだそうです。

私自身も、大竹さんの真似はとてもできませんが、毎晩寝る前に約5分をかけて1日を振り返り、明日の誓いを立てています。そうすることで、朝目覚めたときに「よし、今日も頑張ろう」という気持ちに切り替わるのです。

そのように視点を変えれば、朝起きて新たな1日を迎えるという、毎日普通に行っていることが、実はとてもかけがえのない素晴らしいことだとわかるでしょう。

世の中には、今晩眠りに就いたまま、明日の朝になっても目覚めない人たちも数多くいるのです。

朝目覚めて新しい1日が始まることの素晴らしさを教えるのに、私なら、「君たちは、今日寝て、明日の朝また目が覚める保証はあると思う？」と子どもたちに質問します。

子どもたちは、ほぼ例外なく「うん」と答えますから、今度はこう諭すのです。

「でも本当にそうかな？　急に今日、交通事故に遭うかもしれないし、急に心臓発作を起こして死んでしまうかもしれないんだよ。だから明日という日が絶対にあると思ってはいけない。今日という日をどれだけ大切に生きるかが一番大事で、今日できなかったことを明日やろう、明後日やろうと思っても、できない人もいるんだよ。今日1日を生きていることに感謝しなければいけないよ」

こういうやり方を通じて、1日を大切に生きることの大事さを、子どもたちに気づいてもらうことができると思います。

第1章で触れた「余命3カ月の発想」という考え方も、1日を大切に生きることの意味を理解できれば、子どもたちにも自然に受け入れられるようになるはずです。

同様に、「幸せとは何か」を子どもたちに教えるのも非常に難しいことです。そもそも子どもたちに教える側の私たちも、「幸せとは何か」と聞かれたら、答えに詰まってしまうでしょう。

ここで大事なのは、教えようとしてはいけないということです。子どもと対話をするのです。たとえば「今日はお父さんと大事な話をしよう。幸せって何だと思う?」というように。

子どもは「おいしいものを食べられるとか、欲しいものを買ってもらえることかな」と答えるかもしれません。

そこで、「それも幸せだよね。他にはどんなことがあると思う?」と、子どもが幸せだと感じることをどんどん聞いていくのです。

そのうちに子どもは答えに詰まってしまいます。そのタイミングをとらえて、「じゃあ、幸せって何かということを調べて、お父さんに今度教えてよ」と、子どもに聞いてみるのです。

その答えは、短い文章にして書いてもらうのがいいでしょう。

すると子どもは、「お父さんに教えてあげよう」と思って真剣に、幸せについて調べ、考え始めます。そうすることによって、子どもたちは「幸せとは何か」に対して関心を持ち始め、答えに近づけるようになるのです。

子どもに教えたいことを「逆質問」すればいい

つまり、子どもたちに教えてもらうのです。

要は問題提起です。たとえばスマートフォンばかり見ている子どもたちに、「スマートフォンばかり見ていないで勉強しなさい」と叱るのは簡単です。でも実際にスマートフォンを見ているのは楽しいので、親がいくら叱っても、子どもたちはまた同じことを繰り返してしまうでしょう。

そこで、どうするか。

私なら子どもに、「スマートフォンって楽しいよね。でも、スマートフォンのやり過ぎはよくないと思うよ。たとえばどんな問題があると思う?」と聞いてみます。

「別に問題はないんじゃないの?」と子どもはいうかもしれません。

そこで、「たとえば、スマートフォンの見過ぎで目が悪くなるかもしれないよ。他にもいろいろあると思うんだけど、５つ以上教えてくれないかな」とさらに聞くのです。

「勉強に身が入らなくなるとか、下ばかり向いていて、みんなの顔を見て話さなくなるとか…」とでも答えたらしめたものです。

「それ、自分が実際にやっていることだよね」と話してあげれば、子どもはハッと気づいてくれるでしょう。

そして、その機会をとらえて、

「普段からお母さんの顔を見て、『ありがとう』っていってごらん」

「人としてどんなことが大事だと思う？」

と、対話を通じていろいろなことを教えていくのです。

大切なのは、「ああしなさい」、「これは駄目」といくら強く叱っても、あるいは力ずくで変えようとしても、子どもの心は変えられないということです。

これまでのように、上から叱りつけてはいけない、気づかせることが大切だということを親御さんが理解したとき、親子の関係ががらりと変わります。

人は、いわれて変わるものではありません。自ら気づき、それを自分事として捉えた瞬間に変わるのだと私は思います。

ましてや、相手は子どもです。親が「いいから私のいうことを聞きなさい」、「それがあなたのためなんだから」といくら思いをぶつけても、子どもたちの心にはけっして届きません。

気づかせて初めて、子どもたちは自ら学ぶのです。

その意味で、親御さんも学校の先生も、経営者も、いかに気づかせるかということに、もっと注力してもらいたいものです。家庭でも学校でも企業でも、気づきを教育の基本と位置付けるべきだと私は思います。

子どもに対する愛情表現と自己肯定感の高め方

今お話ししたように、気づきを教育の基本に置くことはもちろんですが、子どもたちの自己肯定感を高めていく努力も、もっと必要だと思います。

親なら、子どもに対する愛情表現がその大前提で、子どもに対して「私はあなたを愛しているんだよ」、「あなたのことが大好きなんだよ」という気持ちを持って常に接することが大事です。

アメリカ人は、子どもに対して「愛しているよ」とはっきりいいますが、その意味では、日本人は子どもに対する愛情表現が下手なのかもしれません。でも愛情表現は、必ずしも言葉を通じて行う必要があるというわけではないのです。

たとえば、子どもが自分で朝にきちんと起きられるようになったのを褒めるのに、「○○ちゃん、すごいね」と単にいうのではなく、「○○ちゃん、すごいね。昨日はテレビを見る時間もきちんと守って早く寝たのがよかったね」と、本人が努力したそのプロセスをきちんと褒めてあげるのです。

そうしていく中で、子どもたちは、親は自分が頑張っているところをしっかり見ていてくれていることに気づき、自分は親に愛されていることを実感し、自分に自信を持てるようになっていくのです。

これはとくに親御さんに自覚していただきたいのですが、子どもたちは、自分に一番近いところにいる親の顔をいつも見ています。子どもたちは、中でも母親に嫌われないように、母親に好かれようとして行動するものです。だから、母親の子どもに対する愛情が非常に重要で、まずは子どもと母親との信頼関係をつくり、スキンシップを重ねていくのです。これを2、3歳までのあいだに徹底的にやるべきです。

そして、子どもとのあいだに信頼関係を構築できたら、今度は子どもに気づきを与えるための叱り方を実践する段階に入ります。それは単に「それはいけない」、「こうしなさい」と命令調で叱るのではなく、「なぜいけないと思う?」、「なぜこうしたほうがいいと思う?」と、本人に気づかせることを意識した叱り方であることは、すでに本章で述べました。

とはいえ、日々の生活の中で、子どもに対してどう愛情表現をしたらいいのかと、戸惑いを感じる親御さんも多いでしょう。

私自身も、子どもに対する愛情表現がけっして上手なほうではありませんが、私がかつて実践したコミュニケーションの方法が2つあります。

私が経営の第一線で活躍していた頃は、仕事が多忙を極め、家に帰るのが夜中の

２時頃になることも日常茶飯事でした。私の子どもたちが小さな頃は、今のように週休２日制ではなかったので、月曜日から土曜日までずっと仕事です。そこで、どんなに忙しくても日曜日には必ず、夕食を終えたあとに子どもたちとお風呂に入りました。

まずは息子と一緒にお風呂に入り、頭や体を洗ってあげながら、１週間にどんなことがあったたか、学校はどうだったかという話を聞いたり、相談に乗ったりしてあげるのです。

そうやって約１時間、お風呂で息子と話をしたあと、今度は娘がお風呂に入ってきて、同じように体を洗ってあげながら話を聞くのです。

私は約２時間、息子と娘とお風呂で一対一で向き合い、コミュニケーションとスキンシップを続けました。

もう一つは、どんなに忙しくても子どもの勉強を見てあげたことです。

これは息子の小学校時代の話ですが、何かわからない問題があったら、ドリルや問題集を机のうえに置いてもらうのです。それを夜中の２時頃に帰宅してから見て、私はその問題を解きました。

ほろ酔い加減で帰ってきた日も、疲れがひどくて辛いと思った日も、息子がわからないという問題を解き、答えの出し方を紙に書いて机に置いてあげたのです。そして短い睡眠を取り、私はまた朝早く家を出るという生活を続けました。

そうやって私は息子との信頼関係をつくったのです。月曜日から土曜日まで働きづめで、家で夕食を食べたことはほとんどなく、毎日夜中に帰宅するという駄目な親でしたが、これだけは自慢できる話かもしれません。

「忙し過ぎて子どもとコミュニケーションが取れない」という話をよく聞きますが、私は本当にそうだろうかと疑問に思うのです。

毎日忙しく働いているからこそ、その中でどう時間をつくって子どもと接し、信頼関係を築くかということを真剣に考えた結果、私は自分なりのやり方を見つけることができました。ですから、本書を手に取ってくださった親御さんも、毎日時間に追われる中で、自分なりの愛情表現の方法をぜひ見つけてほしいと思います。

経営者は良き教育者であれ
――企業教育も「気づき」が大事

これまで述べてきた通り、家庭では子どもに気づかせる教育が大事であるのと同様に、企業でも社員に気づきを与える教育を行うことが重要です。

たとえば「１日を大切に生きる」ことがなぜ大事かを、社員に気づかせるためにどう教えるか。

世界中のどんなお金持ちでも、貧しい人でも唯一平等なのは時間です。この平等な時間をどう使うかが大切だということに気がつかない人が多いのです。たとえば、１日１時間を勉強のために有効に使うとします。そうすると１カ月30時間、１年で３６５時間が勉強に使えます。１日２時間ならば、１年で７３０時間が勉強のために有効に使えるのです。そこまで勉強に時間を使えたらさまざまな資格が取れて仕事での評価が上がり、給料もアップするかもしれません。

人間はどこの国に生まれるか、どのような家庭に生まれるかで、生まれた時点から平等なものはほぼありません。その中で唯一平等なのは、1日の24時間という時間です。この時間をどう有効に使っていくかということが重要なのです。

仮に1日に1人の営業担当者が10件の仕事をするとしましょう。そうするとクレーム処理を5件抱えている場合、新規の見込み客を開拓する仕事は5件しかできません。ところが、今日済ませなければならない案件を後回しにした結果、翌日のクレーム処理が8件に増えてしまったら、新規開拓は2件しかできなくなります。

つまり、1日の仕事の8割を「負の遺産」の整理にあてなければならなくなる一方、新規開拓という生産的な仕事は2割しかできなくなるのです。これでは営業目標の達成は、とてもおぼつかないでしょう。

今日やらなければならないことや、今日できることを今日のうちに済ませず、先延ばししてしまったら、負の遺産がどんどん積み上がり、結局は自分が苦しむだけです。だから1日を大切に生きなければいけないと、私は社員に教えます。

社員を叱るにしても「認めて叱る」ことが、本人の気づきにつながります。

仕事で失敗した部下を叱るにも、「駄目じゃないか」と頭ごなしにいうのではなく「君らしくない」といい換えれば部下の自尊心は傷つきません。「今回の失敗は、いつもよくやっている君らしくない」と、部下のことを認めたうえで叱っているんだという思いを言葉に込めれば、部下は素直に上司の話を受け入れ、自分の間違いに気づいて行動を改めてくれるのです。

その前提として、本人が頑張って良い結果を収めたときには、「さすが○○君だね」と褒め、「いつも君が頑張ってくれていることを評価しているんだ」という思いを言葉に込めるのです。こうした上司の一言で、部下は「自分は認めてもらっている」と実感し、自己肯定感を高く持ちながら仕事に積極的に取り組むことができるようになります。

褒めるときも、叱るときも常に部下を認め、本人の自己肯定感を高めることが企業教育の理想であり、これは家庭教育にも学校教育にも相通じるものがあります。

気づきの教育に話を戻すと、フォーバルグループでは、『フォーバルに任せてあるから安心』を目指して、日々努力・改善を行います」から始まる「FORVAL WAY（フォーバルの誓い）」を定めています。

その「FORVAL WAY」の中に、

「全てはお客様のために」を合言葉に、
これでもか、これでもか、
どうすれば、どうすれば、
何をしたら、何をしたら、
と繰り返し、繰り返し、
全社員が考え、全グループで討論し、
お客様の１００％満足に近づけること、
これが我々の仕事である

という一節があります。

ここに記した通り、フォーバルでは、お客様の「１００％満足」に近づくためには何をどう改善し、顧客対応をどう向上させたらいいのかなどの解決策を、社員たちに日々考えてもらっているのです。

家庭教育や学校教育と同様に、正解を教えるのではなく、社員自らが考え、気づ

フォーバルの誓い
～FORVAL WAY～

「フォーバルに任せてあるから安心」
を目指して、日々努力・改善を行います

そのため

我々フォーバルパーソンは
何をさせていただくことがお客様にとって
最も大切か、重要かを考えに考え抜き
そのために必要な商品・サービス・知識を
磨き上げ、お客様から、
「フォーバルに任せてあるから安心！」
「フォーバルに任せておけば安心！」
という一言を戴くために、
日々、精進していくことを
FORVAL WAYとしてここに誓います

「全てはお客様のために」を合言葉に、
これでもか、これでもか、
どうすれば、どうすれば、
何をしたら、何をしたら、
と繰り返し、繰り返し、
全社員が考え、全グループで討論し、
お客様の100％満足に近づけること、
これが我々の仕事である

「利益につながらないサービスは無い」
若しつながっていないなら、それは
不満足な中途半端なサービスだからである
本当に必要なサービス、
本当に良質なサービスには、
お客様は対価を払うことを
惜しむものではない

そして
「対症療法は止め、原因追及をする」
全ての事柄には、なぜそうなったかという
原因がある
原因に全ての答えがある
そして、その追求と解決こそが我々の仕事であるき、答えに近づいていくことが重要だと考えているからです。

実際に、お客様の「１００％満足」に近づくための方法を社員たちに発表してもらい、良いアイディアを採用し実践することを繰り返していく中で、会社の問題を自分事として考え、変えていこうという意識が大きく高まりました。今では、私たちが何もいわなくても、社員たちが自分で考えてくれるようになっており、本当にありがたいと思います。

こうした活動を実践してきた中で私が思うのは、経営者は社員に気づきを与える良き教育者でなければならないということです。

さらにいえば、経営者は会社の長であると同時に、家に帰れば家庭の長でもあるわけで、企業教育と家庭教育の両方のリーダーという重要な役割を担っています。だからこそ「自分は教育とは関係ない」といって距離を置くのではなく、経営の立場から今の教育を客観的に見て、欠けている部分を社員教育で教えていく、あるいは本業との関わりの中で、もしくは社会貢献活動として積極的に教育に関わり、変えていく意識を持ってもらいたいのです。

ある経営者の気づき
――社員を変える前に自分が変わる

経営者が良き教育者になるには、何をおいても、経営者自らが人としての「在り方」について考えに考え、気づき、人間性を高めていく努力が欠かせません。

そこで１つ、皆さんに紹介したいエピソードがあります。

先日、東京・浅草の合羽橋にある「超」料理道具専門店・飯田屋の飯田結太店主とお話しする機会がありました。

今年で創業１１０年目を迎えた飯田屋さんは、マニアックで専門的な道具が所狭しと並び、世界中から料理人が集まる料理道具専門店として有名です。

国内外から選りすぐりの料理道具を取り揃え、卸し金やフライパンは２００種類以上、玉子焼き器を１つとっても、正方形の関東型や長方形の関西型を始め、料理人に人気がある銅製、軽くて扱いやすいアルミ製、じっくり火が通る鉄製のものまであふれんばかりに並んでいます。さらには、ニンニク絞りの他に、ニンニクのみじん切り器やニンニクの保存容器、ニンニクの薄切りスライサーといった、普段なかなかお目にかかることのない商品が数多く陳列されていて、ニンニク用の調理道具だけでもこれほどの種類があるのかと驚くほどの品揃えです。

飯田屋でなければ手に入らないものばかりを集めているので、販売は値引きなしの定価。飯田屋にアクセスすれば必要なものは何でも手に入るという評判が評判を呼び、世界中の料理人から注文が殺到しているので、普通はあまり売れないニッチ商品の売上を積み上げるロングテール戦略がうまく機能しています。

彼は6代目の店主で、まだ30代と若いのですが、自分が店主になったとき、社員の給与を上げよう、有給休暇を増やそう、福利厚生も充実させようと、ずいぶん頑張りました。ところがその意に反して、人がどんどん辞めていくので、「なぜだろう」と疑問に思っていたそうです。

その頃、彼は「給与を良くし、休暇を増やし、福利厚生も手厚くしたのだから、そのぶんきちんと働くのが当然だ」と考えていて、社員が何か失敗したら厳しく追及していたそうです。ところが、ある社員から「いい会社だけれど、あなたとは働きたくない」といわれたことで、彼は気づいたのです。

相手に指を向けて叱るその指先を、自分に向けなければ、と。

それからは考え方が１８０度変わりました。社員を変えるのではなく自分が変わらなければ駄目だと思った彼は、社員に対して働けというのではなく感謝をしよう、社員が楽しく働けるようにしよう、そのためにはどうしたらいいかということを、毎日、毎日考え続けたそうです。

そこで思いついたのが、今日会社に来るまでに何か感謝したことがないかを思い出し、朝礼で全社員が1分間のスピーチを行って、それを発表するというものでした。それをみんなで毎日続けた結果、会社はどんどん変わっていったのです。

飯田さんは、「どんなに正論をいっても、正攻法で接しても、経営者に人間性がなければ社員はついてきてくれません」と話していました。

「あなたとは働きたくない」と社員にいわれたとき、社員と店主という関係を越えて、「この人だから一緒に働きたい」とか「この人に学びたい」と思ってもらえるような人間力を身につけなければ駄目だということに気づいたのだそうです。

そう気づき、自らの考え方を変えた頃から、店舗の売上もぐんぐん伸びるようになっていきました。

飯田さんは大学の商学部を卒業されていますが、どうやったら利益が出るのか、どうすれば経営を効率化できるか、教科書的な意味でのリーダーシップのつくり方は学んだものの、人間力についてはは教わっていなかった。根本的には、社員たちが「この人と一緒に働きたい」と思ってくれるような魅力、すなわち人間力さえあれば、経営はうまくいくという話になり、大いに意気投合したのです。

家庭教育と企業教育がしっかりしてこそ、学校教育はうまくいく

家庭教育と学校教育、企業教育との関係の話に戻すと、学校教育は学校教育だけでは完結せず、家庭の存在の大きさははかりしれません。子どもたちは学校にいる時間よりも、家にいる時間のほうが長いからです。

だからこそ、親が家庭で、人としての「在り方」や人としてどうあるべきかとい

ったことをしっかり教え、子どもたちの自己肯定感を高める教育を行えるようになれば、学校教育も大きく変わるでしょう。

一方、お父さんはもちろん、共働き世帯ではお母さんも会社で働いています。その意味で、家庭で子どもを教育している親御さんが、会社では一社員として、企業教育を通じて学んでいるケースも多いわけです。

ですから企業教育で、人としての「在り方」や、人間にとって幸せとは何かということをきちんと教えれば、社員たちが家庭で子どもたちに、人として大切なことを、もっとしっかり教えることができるようになる、ということになります。

その意味で、「How to do」だけでなく「How to be」の部分を、社員たちにきちんと教えられる経営者が今、社会で必要とされているのです。親御さんの中には、経営者として企業教育を実践している人もいるわけで、彼らの役割はますます高まっているといえるでしょう。

実際、経営者がしっかりと企業教育を行うことで、人間性豊かな社員が育ち、その社員たちが家庭で子どもに向き合い、人間性を高める教育をする。そうすることで子どもたちも変わり、学校教育がより円滑に進むという好循環をつくり出すことができるのです。

逆に、こうした好循環の輪がなければ、いくら学校そのものや教育制度が変わっても、学校教育の成果は非常に限られたものになるでしょう。

ですから私は「大久保秀夫塾」で、

「私が教えた『在り方』は君たち３００人の経営者への影響だけにとどまりません。１人が社員を30人雇用しているなら、彼らにきちんとした教育を行えば、９０００人の人間性を高めることができるのです。

その９０００人の社員たちが家に帰り、家庭教育を通じて子どもたちに与えるプラスの影響の大きさを考えてみてください。

君たちは立派なことをいう前に、まず自分とご縁のあった社員たちに対して、人としての『在り方』をきちんと教えてあげてください」

と話しているのです。

繰り返しになりますが、要は経営者イコール教育者でなければならないということです。

それと同時に、私たち経営者は、企業経営の視点から建設的な提言や提案を行い、積極的に教育を支援していく必要もあると思います。

たとえば、本書を出版するきっかけをいただいたアチーブメントの青木仁志社長も、まさに本業として教育に取り組んでいる良き友人です。人としての「在り方」（How to be）や「自分は何のために生きるのか」ということをふまえたうえで、目標達成のために何をなすべきかという「How to do」に落とし込むトレーニングを、経営者に向けて34年間提供し続けています。

先に紹介したＣＬＡについても、日本に先行してカンボジアでモデル校をつくり、教育はこうあるべきだという１つの姿を示すという具体的な提案といえます。

こうした取り組みが、戦後の高度経済成長期にできあがった教育システムをなかなか変えられない、日本の教育界や教育行政に気づきをもたらすきっかけになることを、心から願うばかりです。

第5章

日本の教育をこう変えよう

強いリーダーシップがあれば公立学校でも教育を変えられる

「日本の教育を変える」と一口にいっても、それは並大抵のことではありません。実際、第1章でも紹介したように、「世界に迎合するグローバリゼーション」ではなく、日本人としての魅力を持ちながらも十分に世界を知る人材を世に送り出すことを目指す福岡県宗像市の小中一貫校「志明館小中学校」（仮称）も、九州の経済界と教育界が協力して設立準備を進めているにもかかわらず、プロジェクト開始後6年が経過した今もなお、実現をみていません。

そうした中で、私たちが「地球益を目指す、志をもったリーダーを育てる」ことを目的に、モデル校のCLAを日本に先行してカンボジアに設立し、外から日本の教育を変えようと試みていることは、すでに述べた通りです。

ところが最近では、こうした中でも、大変勇気づけられるような教育改革の事例が日本でみられるようになりました。

中でも特筆されるのが、東京都千代田区立麹町中学校の取り組みです。２０２０年3月に退任された工藤勇一前校長が、大変勇気のある学校改革を進めたことがマスコミ等でも取り上げられ、話題になりました。

公立の中学校であるにもかかわらず、中間・期末の学期テストを廃止して単元ごとのテストに切り替え、実力テストの回数を増やしたのです。学期テストのための一夜漬けは、教育の成果を持続的に維持する効果が薄いという判断が、その背景にあります。

同校では宿題も廃止されました。宿題は、学習内容をすでに理解している生徒にとっては時間の無駄になりかねず、理解できない生徒にとっては、その場で先生にわからないことを教えてもらうことができないため、むしろ負担が大きいからです。

同校には詳細な校則もありません。規則で生徒を縛るのではなく、本質的に大切なものは何かということを、教師も生徒も理解し認識をすることができれば、規則はシンプルな最低限のものでいいというのです。

服装や頭髪の指導も廃止されました。指導の基準が先生によって異なることも問題であるため、ＰＴＡに権限を委譲したのです。ＰＴＡ内に設けられた制服等検討委員会が経済性や機能性を最優先にしてルールを検討し、ＰＴＡ運営委員会を通してルールが決定される仕組みに変えられました。

もう一つ大きな改革は、固定担任制の廃止です。これは特定のクラス担任を設けず、各学年を担当する先生全員で学年の全生徒を指導するというもので、医療機関の「医療チーム」のように、先生一人ひとりの得意分野を生かし合いながら、生徒一人ひとりにとって価値の高い指導を実現することを目指しています。

麹町中学校のケースは、公立学校であっても、学校運営の最高責任者である校長先生の強いリーダーシップによって、教育を大きく変えることができるということの証です。

とはいえおそらく、ほとんどの学校では過去の慣例を受け継ぎ、従来通りの学校運営や授業をしっかり続けていくことに一生懸命なのだと思います。ですから、固定担任制の廃止1つをとっても、過去の慣例上、「そんな改革はできない」とか「できるはずはない」と思うほうが普通なのかもしれません。あるいは、これまで固定担任制を変えようと考えたことがないというケースが大半でしょう。

でも、工藤先生は違いました。彼は、自身の教育における最上位の目的を「子どもたちにとって最も良い教育」を実現することに置いています。そこで、校長である自分が学校を運営する権限を持っているのだから、その最上位の目的を達成するために、変えるべきことは自らの責任において変えていこうと考えたのです。

教育の目的と現実とのギャップを埋める勇気

その前提に立てば、あとは目的をどうやって達成するかという手段の問題です。だから、目的を達成するうえで最も合理的な方法に変えていけばいいのであって、あとは変える勇気を持ってそれを実際にやるかどうかという、腹次第だと私は思います。

もちろん、教育指導要領や決められたカリキュラム通りに授業を進めることは先生にとって大事な仕事です。だからそれ自体が問題なのではありません。要は、教育の最上位の目的は何かということを、皆が理解しているのかということが重要なのです。

最上位の目的が一致していれば、文科省側も、その達成のために教育指導要領をつくっている以上、必ずしも今のやり方だけにこだわってはいないはずで、きっと変えられる余地はあるということに、工藤先生は気づいて行動しているのです。

これは企業経営でもまったく同様で、最上位の目的は何かという認識を一致させなければ、目的の達成とは関係のない枝葉の部分に議論がそれたり、議論の一致点を見出すことができなくなり、問題解決が非常に難しくなります。

では、日本における教育の最上位の目的とは何でしょうか。教育基本法の前文に、同法の理念や目的として、こんなことが書かれています。

我々日本国民は、たゆまぬ努力によって築いてきた民主的で文化的な国家を更に発展させるとともに、世界の平和と人類の福祉の向上に貢献することを願うものである。

我々は、この理想を実現するため、個人の尊厳を重んじ、真理と正義を希求し、公共の精神を尊び、豊かな人間性と創造性を備えた人間の育成を期するとともに、伝統を継承し、新しい文化の創造を目指す教育を推進する。

また同法の第一条には、教育の目的がこう定められています。

教育は、人格の完成を目指し、平和で民主的な国家及び社会の形成者として必要な資質を備えた心身ともに健康な国民の育成を期して行われなければならない。

前文でいう「個人の尊厳を重んじ、真理と正義を希求し、公共の精神を尊び、豊かな人間性と創造性を備えた人間の育成」にしろ、第一条の「平和で民主的な国家及び社会の形成者として必要な資質を備えた心身ともに健康な国民の育成」にしろ、ここに定められていることは、広い意味で、教育の最上位の目的として正しいと私は思います。

ただし、今教育の現場や教育行政で採られている手段は、まったく現実に合わないものになってしまっています。

だとすれば、その手段が昔に定められたものであるなら、今の状況に合うようにつくり変える必要があるはずです。

けれども、さまざまなしがらみがあったり、過去の慣例にもとづいて反対する人が山ほどいて、なかなかそれができないとか、「過去に実績がない」、「前例がない」という声が大きすぎて、先生たちが新しいことに踏み込むことができなくなっているのです。

そういう中で、「子どもたちにとって最も良い教育」を実現するという最上位の目的の実現に向けて、変える勇気を持って行動している工藤先生のような校長先生が現れたのは、非常に心強いことです。

企業経営の発想が日本の教育を救う

そうした中で、最近、小学校、中学校、高校などの校長先生への民間人材の登用が進んでいるのは喜ばしいことです。しがらみのない民間の人材であれば、慣習や前例にとらわれず、合理的な判断を、勇気を持って下せるからです。

たとえば企業経営者は、自社を取り巻く競争環境や経営環境が日々変化し続けている中で、世の中の変化をみながら、要所要所で的確な判断を下し、意思決定を行っています。要は、経営者は、過去の慣例や前例がこうだからといってはいられないほど、厳しい世界で戦っているのです。

ですから、学校経営の最高責任者である校長先生に関しては、「世の中はこう変化し、世間の人たちはこう考えている。社会の要請はこうだから、私たちはこんなことをしなければならない」ときちんといえる人材を、経営者など民間からどんどん招くべきだと私は思います。

その一方で、もちろん現場の教育は、教員免許を持つプロの先生たちに任せ、教頭先生ぐらいまでは、学校運営の実務を熟知している事務方の皆さんに力を発揮してもらうのがいいでしょう。

経営感覚を持つ人材を外から招き、一緒に働いてもらうことによって、日本の教育が社会の変化に適応していくうえで鍵となる、将来のリーダーも現場で育っていくはずです。そして、やがてその中から、教育における最上位の目的を達成するために必要な改革を、勇気を持って実行できる校長先生が、どんどん出てくることでしょう。

新しい血を入れることで、日本の教育は大きく変わるのです。

私はそもそも、教育は教育界だけで行うものではなく、教育をより子どもたちにとって価値あるものにするために、さまざまな分野で活躍している人たちを先生として招くことも重要だと思います。

ＩＴ分野の専門家はもちろん、人としての「在り方」や、生きるとはどういうことかといった、人として大切なことを社員たちに教えている企業経営者に話をしてもらうなど、複合的な授業を行うことによって、本当に生きた授業、人を育てる学校が実現していくと私は考えています。

思えば、私は25歳のときから40年間、経営の世界に身を置いてきた経験をベースにＣＩＥＳＦを立ち上げ、カンボジアに一貫校のＣＬＡを設立しました。ＣＬＡの小学部のスタートアップに尽力してくださったチームＣＬＡのメンバーは私を除いた全員が教育者で、素人は私１人です。つまり、教育のプロと教育の素人が力を合わせて、時代に先駆けた「理想の学校」をつくったわけです。

ＣＬＡのカリキュラムなどを検討する際、私は、一般社会の「当たりまえ」とは異なる教育の世界の「当たりまえ」に対して、「それはおかしいのではないか」と率直に意見をいいました。

たとえば先にも述べたように、子どもたちが大人になって社会に出れば、学年は関係なくなり、さまざまな年齢や年代の人たちが一緒に働くようになるのです。ですから子どもたちが学校を卒業し就職してから、職場環境にスムーズに適応できるように、一般社会の「当たりまえ」を教育の「当たりまえ」にしていく必要があるというのが私の持論です。

そこで私は、学年の枠を取り払い、学年が異なる子どもたちが一緒に学ぶ「異学年制度」を提案したところ、チームＣＬＡのメンバーの先生たちは一瞬驚いた顔をしていました。

こういうやり取りは幾度となくありました。でも、チームＣＬＡの先生たちにも本当は、これまで手がけてきた教育に対して「これはおかしい」と感じることは多々あったのです。

チームＣＬＡの会議で、日本ではまだ手を着けられていない、あるいはアンタッチャブルな内容だった教育プログラムが話題に上るたびに、

「そういうこともＣＬＡのカリキュラムの中に盛り込んでいいでしょう。私が責任を取ります。やれることはすべてやりましょう」

と、私は明言しました。

私の言葉を聞き、

「それは私がずっとやりたかったことなんです。理事長がそこまでおっしゃってくださっているのですから、本当にやってもいいのですね」

とおっしゃった先生もいます。

「やりましょう」

と、私はもちろん答えました。

このようにして、過去の慣習にとらわれず、前例のないことにどんどんチャレンジしているのがＣＬＡです。私がこれまで経営の世界でやってきた「新しいあたりまえ」に教育の世界でも取り組むことで、「地球益」を理念とする「世界最高の教

育の場」を目指すＣＬＡが、カンボジアに実現したのです。

カンボジア教育省の皆さんも、こうした私たちの取り組みを見て、「なるほど、わが国の子どもたちをここで学ばせてみよう」と、前向きに対処してくださったわけです。

その意味で、今後日本の教育を変えていくうえで、自ら責任を取る勇気と覚悟を持って改革にあたる、強いリーダーシップが求められることはいうまでもありません。

先生たちの労働環境の改善が急務だ

私が本来、学校の先生にお願いしたいのは、知識教育以外の部分、すなわち生きるとはどういうことか、幸せとは何か、何のために働くのかといった人間の根幹に関わる部分を学校でどう教えたらいいのかを、よく勉強していただきたいということです。

あわせて、子どもたちの自己肯定感をどう高め、人間性を豊かにしていくにはどんな教育を行ったらいいのかを研究し、時間をつくってそれを実践してほしいのです。

教育は、人がより豊かに生きるためにあるものだからです。

ところが、学校の先生たちは毎日仕事に追われ、多忙を極めています。朝は早くから学校に行き、子どもたちの登校を正門で待ち、朝の会を終えてから授業に入ります。授業の合間に生徒の宿題も見なければなりませんし、お昼は給食を一緒に食べたあと、午後の授業が待っています。1日の授業が終わったら帰りの会に出て、掃除も手伝います。

その他クラブ活動も指導し、見回りもする。テストをしたら点数をつけて、運動会などの行事があれば準備や後片付けもしなければいけないなど、仕事が山積しています。そのあとも、残った仕事を片付けると、帰宅するのが毎日夜9時、10時ということも珍しくありません。

でも、そういう作業の少なからぬ部分はＩＴ化なりＤＸによって軽減することができます。

たとえば知識面の教育は、タブレット端末やパソコンなどで行うことで、先生の労力は大きく軽減されるでしょう。実際にどこまでやるかは別にして、授業そのものは、子どもたちがタブレット端末やパソコンで動画を見たり、問題を解きながら個別に自主学習を進めるという形でも実施可能です。

そうなると、子どもたちは国語も算数も理科なども自分のペースで勉強できるようになります。そこで、どうしてもわからないことがあれば先生に聞きに行き、解説を受けるという授業スタイルが実現します。

そのぶん先生は、これまでの教育では難しかった人としての「在り方」などを子どもたちに教えたり、ＰＢＬを通じて社会が求める「問題発見能力」と「問題解決能力」を磨くことに時間をかけたり、それらの指導方法を研究することに集中できるようになるでしょう。

学校そのものをスマート化させていく取り組みも欠かせません。ＡＩなどを活用し、これまで人が行っていたさまざまな業務をコンピュータに代替させる「ＲＰＡ（ロボティック・プロセス・オートメーション）」技術によって、事務処理などの労力を大幅に削減することもできます。

このように今、学校の先生に課されている作業労働をできる限り軽減し、本来なすべき職務に集中できるような労働環境を構築するには、「子どもたち一人ひとりに個別最適化され、創造性を育む教育ＩＣＴ環境の実現」を目標とする国のＧＩＧＡスクール構想などのインフラ整備は最低限必要です。

教育を支えるインフラの大改修は待ったなし

まずインフラとして整備しなければならないのは、学校内の Wi-Fi 環境です。校内はもちろん校外、とくに子どもたちが経済事情などによらず、自宅でもインターネットを利用して自学自習ができるように、家庭学習用のモバイルルーターも支給すべきです。

ＧＩＧＡスクール構想では「児童生徒1人1台端末」の普及を進めていますが、子どもたちが1人1台タブレット端末などを持つようになれば、基礎的な知識教育については、必ずしも先生たちが教壇に立って教える必要もなくなります。端末にインストールされた学習用アプリやオンライン学習プログラムなどによって、子どもたちは自分のペースで勉強できるようになります。

先生も端末の管理画面を見ながら、子どもたち一人ひとりの学習進度や理解度を確認しながら、本人が苦手としている部分を特にわかりやすく解説したり、逆に学習進度の速い子どもには、より発展的な問題や学習メニューをコンテンツに加えていくといった、従来の授業では不可能だったきめ細かい個別対応が可能になります。

従来通りの対面授業であっても、こうしたタブレット端末などによる学習を併用することで、子どもたちは一度先生に授業で教わったことも、いつでもどこでも復習できるようになります。

となると、学習コンテンツの拡充も、教育インフラを充実させていくうえで重要です。従来の教科書やワーク、ドリルとは異なり、デジタルの学習コンテンツでは、アニメーションや動画を活用しながら、言葉では解説しにくい物体の形や動き、仕組みなどを体感的に理解させることができます。

また最近では、製造業などのさまざまな分野で応用が進んでいるVR（バーチャルリアリティ）技術などを活用するのも一案です。たとえば地理なら、世界の都市や南極、赤道直下の島などの風景をタブレット端末やパソコンなどの画面上に再現した教育コンテンツをつくることも考えられます。

子どもたちが、端末の画面に再現された3次元空間に入り込み、世界のさまざまな都市で街歩きをしながらその国について学ぶとか、島を探検しながらその土地の気候や人々の暮らしぶりについて勉強するのです。

さらに、学習コンテンツにゲームの要素を採り入れ、子どもたちがゲーム感覚で楽しく勉強を進めることもできるようになるでしょう。歴史の勉強なら、たとえばVR技術で再現された戦国時代の世界に子どもたちがタイムスリップし、織田信長と徳川家康の連合軍が、武田信玄の四男・武田勝頼が指揮した戦国時代最強といわれる武田軍を打ち破った「長篠の戦い」を目撃する。

あるいは江戸時代にタイムスリップし、江戸や大阪の街を歩き回りながら事件を解決していくといった、ゲーム型の学習コンテンツがあったら、子どもたちも非常に勉強がはかどることでしょう。

親が「勉強しなさい」と子どもを叱るのは時代遅れになり、「もう寝る時間だから勉強をやめなさい」と注意する時代になるかもしれません。そういう、ＩＴを活用した次世代の学習スタイルを想像しただけでも、わくわくするではありませんか。

一方、業務関係もクラウド型の業務ソフトや会計ソフトなどを導入することで、作業効率を大幅に向上させる必要があります。授業そのものだけでなく、学校事務の在り方も変えていかなければ、先生の労働環境や子どもたちの学習環境をトータルで向上させることはできません。

ところが、業務効率化のために導入したシステムが、学校事務の現場で行われている業務にうまくマッチせず、かえって職員の手間や作業が増えてしまったり、職員に事務処理を依頼する先生たちも迷惑をこうむるなど、教育現場ではシステム面でも大きな問題を抱えているのが現状です。

これらはすべて関連している1つの問題で、国や自治体のＩＴシステムで現実に起きているさまざまな不具合や不合理と共通しています。学校運営の全体を見ながらシステムを設計する人がいないことがその大きな原因で、学校の業務とＩＴシステムをトータルコーディネートできる人材が必要です。

そういうプロフェッショナル人材を外部から招くのか、あるいは教育界で育てるのかは別として、まず今学校では、先生たちが1日にどのような仕事をどのくらい、どんな流れで行っているのか、事務方の職員がどんな業務をどのようなプロセスで処理しているのかを分析し、学校運営を効率化するにはこの部分をこう改善すればいいという解決策を考えたうえで、システム化のフォーマットをつくり、具体的なスケジューリングを行う必要があります。

そこで私が提案したいのが、学校の教務課内にIT部門を設け、専任担当者を置くことです。単なるシステムやWebの管理者もしくはオペレーターではなく、学校の教務や事務といった業務全体の推移や進捗状況を見ながら、業務効率化とシステム改善の両面を推進するのです。一般的な規模の学校であれば、専任担当者は2人程度でよいでしょう。業務とITシステムの両方に精通していることが望ましいですが、業務がわかる人とシステムがわかる人にチームを組ませて仕事をしてもらうことも一案です。

ところが学校側は、こうした提案に対して「予算がつけられない」と後ろ向きな姿勢であることがほとんどです。

でも、業務の効率化がまったくできていないまま、現場の先生は授業以外の仕事に忙殺され、毎日それをこなすのに精一杯。事務方の職員も昔ながらの非効率的な作業に追われ、導入したシステムの不備も加わり、二重三重に手間がかかって現場がパニックになるケースさえあります。

これでは「働き方改革」どころか、むしろ先生や職員の残業は増えるばかりで、それにともない無駄な経費も膨らんでいるわけです。こうした状況を改善し、業務が大幅に効率化されることによって浮くコストの大きさを、よく考えていただきたいと思うのです。

成績評価の問題

――生徒全員の通知表が5だっていい

もう一つ指摘したいのが、子どもたちの成績の評価の問題です。

文部科学省は2001年に、子どもたちの成績の評価方法を相対評価から絶対評価に改めました。

絶対評価とは、学習指導要領に定められた学習目標がどの程度実現したのかという状況を見る評価方法です。たとえば「自然の事物・現象についての理解を深め、科学的な見方や考え方を養う」という学習目標が中学理科にありますが、その目標の達成度合いに応じて5段階評価（小学校は3段階評価で、低学年は評定を行わない）が実施されています。

それに対して、以前の相対評価とは「集団に準拠した評価」のことで、学校の同学年の生徒全体の中で、子どもたち一人ひとりがどのぐらいの成績順位にあるのかを示しています。たとえば5段階評価の5には上位何%、4には何%というように、テストなどの成績に応じて子どもたちを割り振るのです。

文部科学省ホームページの解説によれば、「自ら学び自ら考える力などの『生きる力』を育成することを重視」するという方針のもとで、その実現状況を評価するために絶対評価が導入されたということですが、その意味で、日本の教育制度が一歩前進したことは評価されて然るべきでしょう。

だとすれば、絶対評価なのだから、仮にクラスの全員が教育目標を十分に達成しているのなら、全員が5段階評価の5でもいいはずです。逆にいえば、絶対評価でクラス全員の評価が5だとすれば、それは先生の指導が素晴らしかったので、クラス全員が教育目標を十分に達成できたということになります。

ところが実際には、さすがに1は少ないにしても、先生が自らの裁量で5、4、3、2の評価を割り振っているケースがあるのです。事実、「全員に5はつけられない。やはり4や3も要るんだよ」と話す先生もいます。

絶対評価では、学習目標に対する達成度合いが評価されるのですから、それは子どもたちに対する評価であると同時に、先生自身に対する評価でもあるということに気づいていただきたいのです。

極端な話、絶対評価制度のもとで子どもたちに低い評価しかつけられない先生は、逆にその指導力が大きく問われるということにもなります。

ですから学校の先生には、絶対評価は自分自身に対する評価でもあるということを肝に銘じ、子どもたちと真摯に向き合っていただきたいと私は思うのです。

教育の完全無償化がなぜ必要か

私は日本の教育改革を進めるうえで、大学教育までの完全無償化が必要だと訴え続けてきました。それは最近、日本でも貧困や格差が大きな社会問題になっているからです。

厚生労働省の「2019年　国民生活基礎調査」によれば、ある国や地域の中で、中間的な所得の半分に満たない状態にある人の割合を示す相対的貧困率は、日本では2018年時点で15・7％（OECD〈経済協力開発機構〉新基準による）。これは当時のOECD加盟国36カ国中24位という成績で、同16・8％のアメリカとともに先進国では最低レベルです。

1985年には12・0％だった日本の相対的貧困率は、1997年に14・6％に達し、2000年からはほぼ15～16％台で横ばいを続けています。

また日本では、中間的な所得の半分に満たない世帯で暮らしている子どもたちの割合を示す「子どもの相対的貧困率」が２０１８年時点で14・０％と、じつに日本の子どもの７人に１人が貧困の状況にあるという結果が出ています。

そして今、長引くコロナ禍の中で、国が生活困窮世帯に対し、最大30万円の自立支援金の給付を２０２１年７月から開始したように、今回のコロナ禍で経済が大きな打撃を受けたことから、今後、貧困と格差の問題が深刻化することも危惧されています。

戦後の日本経済が強くなったのは、高度経済成長期に中間層が育ったことが大きく関係しています。その結果、富裕層も貧困層も比較的少ないかわりに、「一億総中流」と言われるほど中流意識を持つ人が増えました。

ところが今は日本でも、富裕層を中心に銀行預金などが積み上がる一方、失業による貧困化も進んでいるといわれ、中間層の衰退に一層拍車がかかることが懸念されます。

それに加えて、詳しくは第６章で改めて触れますが、今後ＡＩやロボット技術が急速な進歩を遂げ、これまで人がしていた仕事の多くが機械に置き換わっていくでしょう。そうした中で職を失い貧困層に転落する人たちも出てくるはずです。

格差社会の中では、いったん貧困層に転落したら、そこからふたたび這い上がることは不可能とはいえませんが、至難の業です。

もしそうなれば、社会に貧困層が増え、国の経済は停滞します。職を失い、貧しい暮らしを余儀なくされる大人も苦しいと思いますが、もっと辛い思いをするのは、子どもたちです。親の所得格差は子どもの教育格差につながっています。

中でも、今回のコロナ禍が日本経済に与えた影響は大きく、今後、親の収入減少や失業といった経済事情によって、子どもたちが進学をあきらめざるを得ないケースが増えてくるかもしれません。

大学に進学できた子どもたちが経済的な問題で苦しむことも少なくありません。たとえば、大学の学費が高いアメリカでは、子どもの学費を準備できていない親も少なくなく、多数の学生が高額な教育ローンを利用しています。そのため学生たちはローン返済に苦労し、在学中にホームレスになってしまう学生もいるほどで、大学卒業後もローン返済に追われるケースが後を絶たないのです。

日本でも多くの学生が、大学卒業後に奨学金の返済に苦労しています。まだアメリカほどひどくないとはいえ、大学で学ぶために借金を抱えることは、子どもたちが高等教育の機会を得るうえで大きなマイナスであるばかりか、学生たちが社会に出たあとに、かなりの負担を強いられることはいうまでもありません。

私は、このままでいいのかと、子どもたちの将来が心配でなりません。

たしかに、２０２１年度の文部科学省の予算額は５兆３０６０億円で、そのうち文教関係費は４兆２２１６億円とかなりの額に上ります。ところが、ＯＥＣＤが毎年発表している「Education at a glance」の２０２０年版によれば、２０１７年の教育に対する公的支出の政府総支出に占める割合は日本が７・８％とＯＥＣＤ加盟国35カ国及びパートナー諸国を合わせた42カ国中の38位で、ＯＥＣＤ諸国の平均値である10・８％を下回っているのです。日本政府は、大学までの教育無償化を視野に入れ、もっと教育関係の予算を増やしていくべきではないでしょうか。

世帯収入の格差による教育格差は大きな問題です。親の世帯年収を向上させるのは難しいことですが、大学までの教育無償化が実現すれば、貧困家庭の子どもたちも将来、世帯収入を上げることができる仕事に就ける道が開けます。子どもたちの将来は、教育によってこそ変えることができるのです。

最上位の目的が一致すれば必ず変えられる

企業経営や政治などと同様に、教育の問題がいっこうに解決しないのも結局は、親も先生も、行政などの教育関係者も、最上位の目的をきちんと明確にし、共有していないことに尽きます。

すべては最上位の目的の問題だということを皆が理解すれば、あとはハウツー論という枝葉の問題になるので、皆で知恵を出し合い、議論を尽くせば「そのために何をするのか」という最善の答えにたどり着くことができるのです。

逆に、最上位の目的が明確になっていなければ、ハウツー論そのものが目的になり、枝葉の部分で議論が迷走し、問題を解決することはできなくなります。

その意味で、教育における最上位の目的は何ですかと、私は親御さんや先生、企業経営者の皆さんに改めて問いたいのです。

私自身、企業経営の中で、最上位の目的が明確で、それが一致していれば、必ず最善の答えにたどり着けるということに気づかされたエピソードがあります。

私は２０１０年にフォーバルの経営を中島将典・代表取締役社長に委ね、代表取締役会長に就任しました。それに先立ち、私は中島社長を、当社始まって以来の最年少の役員に抜擢したのです。

話が前後しますが、私は会社を良くするために、社員から思ったことを直言してもらうことを、経営の重要なテーマの1つに掲げました。サラリーマン時代に先輩や上司に、「これはおかしいのではないですか？」とか「これはこうしたほうがいいのではないですか？」というと、「十年早い」、「誰にものをいっているんだ」と叱られたことが、一番辛かったからです。私はその当時から、会社を良くするためには、誰でも、何でも思ったことをいってもいいのではないかと考えていたのです。

当初はフォーバルの社内でも、上司に向かって直言してくれる社員があまりいない中で、中島社長は支店長時代から、思ったことを遠慮なく私にぶつけてきてくれました。ただ、あまりにも率直に本質を突くことをいうので、私はあるとき、「それは役員の仕事で、君の仕事ではない」と彼を叱ったのです。

すると中島社長は、「なぜですか？　会社のことを思っていっているんです。支店長だろうと何だろうと、意見は意見です」と話しました。

私はその姿勢が素晴らしいと感じ、それから彼をどんどん試すようになりました。そのとき彼は31歳でしたが、私は中島社長に本社への転勤を命じ、役員に抜擢したのです。まさに彼の考え方そのものが、役員にふさわしいと私は思いました。

そのようにして、私に対して最も率直に意見をいう人物を役員に任命し、その後彼が社長に就任したのです。

フォーバルの社員たちも、私がイエスマンどころか、極端ないい方をすれば最も私に文句をいい、逆らってきた人物を社長にしたことに驚いていました。私自身、社員たちに向けて「フォーバルではやはり、会社のことを考えて直言する人が評価されるんだ」ということを、身をもって示そうと考えた部分もあります。

そうすることで、中島社長のあとも、その次の社長も、会社がよくなることを考え、直言する人物がフォーバルの経営を受け継いでくれることを期待したのです。

実際、中島社長と私とでは、同じ問題を解決するのに、やり方がまったく違うこともあり、彼の直言に意見が衝突するときもあります。ただ、彼は私と同じように会社のことを考えている、あるいは彼が一番会社のことを考えているという信頼感が揺らいだことはありません。フォーバルの経営における最上位の目的について、考え方が一致しているので、あとは手段の問題だと考え、最善の答えを一緒に模索することに集中できるのです。

たとえていえば、最上位の目的を達成するために手段をどうするかを議論することは、富士山の頂上に登るのに、どのルートから挑戦するのかを一緒に考えているようなものです。

最も一般的で登頂率が高い吉田ルートの吉田口（河口湖口）登山道から行くのか、山中湖に近い須走《すばしり》ルートから行くのか、あるいは御殿場ルートや富士宮ルートから登頂を目指すのかというように、４つの登山ルートのどれを選択するのか。登山口までどんな交通手段で移動するのか、何人でいつ登るのか、装備をどうするのかといったことはすべて手段の話です。

富士山の山頂に登るという目的さえしっかりしていれば、その手段についてどんな議論を尽くしても、必ず目的の達成に行き着くのです。

教育改革も学校経営も、そういう姿勢で臨めば、方法論は違っても必ず、最上位の目的の達成に近づけると私は信じて疑いません。

第6章

「教える」教育から「気づき」の教育へ

AIの急速な進歩と人間性
――人類史上かつてない大激変の中で

第6章では、社会の大きな変化や若い世代の意識の変化などを踏まえて、これから日本にどんな教育が求められていくのかについて、考えていきたいと思います。

今、AI技術などの急速な進歩にともない、コンピュータが人間の知性を超える「シンギュラリティ（技術的特異点）」が到来し、AIが人間に取って代わる時代がやってくるといわれています。

これは、アメリカの数学者ヴァーナー・ヴィンジ氏により最初に広められ、アメリカの未来学者のレイモンド・カーツワイル氏が2005年に提唱した概念で、技術の急速な進歩にともない、今私たちが暮らしている世界とはまったく異なる「不連続な世界」が到来するというもので、私たちの想像を絶する社会の大変革が2045年頃にも起きるといわれています。シンギュラリティはもっと早く、2030

年頃には到来すると予想する学者もいます。

ＡＩが発達して他の技術と結びつくことにより、多くの人々が豊かで快適、健康に暮らせる社会の実現に役立つ、さまざまな製品やサービスが実現することが期待されています。

身近なところでは、ＡＩ搭載の掃除ロボット、エアコンなどの家電製品、ソフトバンクの「ペッパー」のように人と会話をするコミュニケーションロボットなどがすでに実用化されています。車の自動運転の他、個人が普段身につけているスマートウォッチや活動量計などのデータをもとに、ＡＩで健康状態の管理を行い、何か異変が認められた場合に病院への受診を勧めるといった次世代の健康サービスも、近い将来に実現するはずです。

さらには、ＡＩに加えて遺伝子編集技術がもっと進歩すれば、がんなどの遺伝子治療が可能になったり、個人によって異なる遺伝情報にもとづき、患者一人ひとりに合った薬や治療法を提供する「テーラーメード医療」を行うことも可能になるでしょう。

その意味で、今後ＡＩは人々の豊かで幸福な暮らしを支えるインフラとして、欠かせない存在になっていくことは、ほぼ間違いありません。
その一方で、ＡＩの進歩によってもたらされる負の影響があることも、指摘しなければならないでしょう。

現時点でまず考えられるのは、雇用の変化です。ＡＩ技術の進歩にともない、人の手で行われている仕事の多くが機械に置き換わり、現在のような働き方は成立しなくなります。その結果、職を失う人が数多く出てくることは想像に難くありません。ＡＩが人間の知性を超えるシンギュラリティの到来に向けて、その勢いはますます加速していくでしょう。

極端な話、「ＡＩが人間に取って代わる」ともいわれる社会の大激変が起こる約20年後は、現在の子どもたちが社会人として働いていますし、今年新卒で入社した社員たちも、その頃はまだ現役で活躍している年齢です。

英国オックスフォード大学のマイケル・Ａ・オズボーン准教授とカール・ベネディクト・フレイ博士は２０１３年に「THE FUTURE OF EMPLOYMENT: HOW SUSCEPTIBLE ARE JOBS TO COMPUTERISATION?（雇用の未来：仕事はコンピュータ化の影響をどれだけ受けるか）」という論文を発表しました。

同論文では702種類の職業について、コンピュータに取って代わられる確率を試算し、ランキングを作成しています。その中で、将来90%以上の確率でコンピュータに置き換わってしまう職業として、たとえば下記のようなものが挙げられています。

・保険の査定担当者 99%
・証券会社員 98%
・弁護士の秘書 98%
・不動産仲介業者 97%
・レジ担当者 97%
・事務員(一般職) 96%

大まかな傾向としては、コンピュータのほうが人間よりも正確で素早く処理できる作業ほど、消えてしまう可能性が高いことが読み取れます。

すでにレジの無人化やキャッシュレスによる自動精算はもちろん、最近では無人店舗も登場し、今後は調理にしても、食品工場だけでなく飲食業界でもロボットの導入が進んでいくかもしれません。

接客などの一部の業務では、まだ普及はこれからですが、ロボットが人に代わる存在になりつつある例もみられます。スーパーのレジ係やデパートの店員といった職種は、比較的早い時期にロボットに置き換わってしまうでしょう。

こうした職業の未来も踏まえたうえで、子どもたちに将来どんな人に育ってほしいのか、そのためには家庭教育や学校教育で何を教えたらいいのかを考えなければ、子どもたちは将来、大人になってから苦労することになるかもしれません。

ＡＩ時代にこそ求められる人としての「在り方」と「気づき」の教育

今後、ＡＩが人間を超える知性を持つまでに進化し、多くの仕事が機械に置き換わるとすれば、「人にしかできないことは何か」、「本来人がするべきことは何か」

が今以上に問われることになるはずです。だとすれば、コンピュータや機械では代替できない、人間ならではの能力を高めるためには、子どもたちにどんな教育を行っていくべきかということが、今後より重要になっていくでしょう。

でも、まずはその前に「人としてどうあるべきか」、「人にとって幸せとは何か」、「人は何のために生きるのか」ということを正しく理解しなければ、「人にしかできないことは何か」や「本来人がするべきことは何か」という答えにはたどり着けません。

逆に、たとえば「人は何のために生きるのか」ということを問うていけば、人が必ずしも手をかけてやらなくてもいいことは何かがわかります。それを踏まえていくことで、「この仕事はコンピュータやロボットに任せればいいね」とか「では、あの仕事はどうだろう」という議論をすることができるようになってくるのです。

教育の現場で最も良いのは、ロボットに任せたほうがいい仕事は何か、本来人がやるべき仕事は何かを、子どもたちに考えさせることです。

私が先生なら、

「これからロボットやコンピュータでできることがどんどん増えていくけれど、人に代わってコンピュータがやったほうがいいことには、どんなことがあると思う？　みんなで話し合って書き出してみてください」

と子どもたちに議論をさせてみます。

すると子どもたちは、「この仕事はロボットやコンピュータにやらせてもいいんじゃないの？」とか「それは駄目だよ」と話し合ってくれるでしょう。

その結果を見て、

「今度は逆に、ロボットやコンピュータではなく、絶対に人がしたほうがいいと思うことは何かについて話し合ってみて」

といって議論を進めさせるのです。

その中で、明らかに誤っている答えが出てきた場合、

「本当にそうかな？　もう一度よく話し合ってみてくれないかな」

といって、子どもたちにさらに深く考えさせるのです。

こうした議論を重ねていく中で、子どもたちは「こういうことはコンピュータに任せていいんだな」、「こういうことは人がやらなければいけないんだな」ということを、おのずと理解するようになります。

そこで、そのタイミングを捉えて、

「まとめていうと、会社などで目的を達成するために、何をして何をやらないかを決めるマネジメントという仕事や、これまでにないものをつくったり考えたりする創造的な仕事は、人がやらなければいけないいんだよ」

と、子どもたちに教えてあげるのです。

その答えにたどり着く前に、子どもたち自らが考え、意見をいい合い、さまざまな気づきを得ているからこそ、先生の教えが身に染みてわかるのです。逆に、気づきの部分を無視して結論だけを教えても、子どもたちはその意味を理解できません。だからこそ、教育では、子どもたちに気づきを与えることに重きを置かなければならないのです。

「気づき」の教育を通じて、社会の問題を自分事として解決できる人材を育てる

加えていえば、子どもたちの問題発見能力と問題解決能力を高めるPBLも、学校教育の中で子どもたちに気づきを与える手段として活用していくべきなのです。ある問題について考え、他人の意見を聞きながら議論し、気づきを得ながら、問題を自分事として捉えて解決していく習慣を身につけさせることを私たちは重視しています。PBLを小学6年間と中学3年間の合計9年間続けていくことで、社会の問題はすべて自分事であるという当事者意識を持ち、解決できる人材を、将来数多く社会に送り出したいと考えているからです。

ここで、社会におけるPBLの意義について説明すると、まず人間が人間らしく生きること、もしくは人を幸せにするために生きることが、人生における最上位の目的であり、そのためにこそ、医学はどうあるべきか、政治はどうあるべきか、会

社経営はどうあるべきか、学校教育はどうあるべきかが論じられなければなりません。その意味で、すべては最上位の目的という1つのことにつながっているのです。

前章でも述べた通り、富士山への登頂ルートが複数あるように、最上位の目的に至る手段は1つであるとは限りません。だからＰＢＬにおいても、大事なポイントは、そこで何が正論かを決めることにあるのではなく、生徒たち自らが調べ、考え、さまざまな意見をぶつけて話し合うことにあり、私はそれこそが、これからの社会に必要とされる本当の教育だと思うのです。

社会のさまざまな問題を自分事だと思って考える習慣が身に付けば、子どもなら「悪いのは親だ」とか「悪いのは先生だ」といったり、大人なら「悪いのは国だ」とか「悪いのは政治だ」といって思考停止することはなくなります。他人事ではなく自分の問題として考えてみようとする、その姿勢こそが大切なのです。

現実の世の中では、あらゆることが他人事で「われ関せず」、「悪いのはすべてあの人のせいだ」と責任を転嫁する風潮がはびこっていますが、ある意味で、それを払拭するために、私たちはＰＢＬに取り組んでいる面も大きいのです。

だからこそ、これまで日本の学校教育ではアンタッチャブルだった部分に挑戦することの意義もあるわけです。

たとえば「宗教は本当に人間にとって必要か」ということをＰＢＬで話し合うには、年齢がある程度上の子どもたちでなければ無理ですが、小学1年生頃から身近な問題を話題にしてトレーニングを始め、子どもたちの成長に合わせて問題のレベルを上げていくのです。小学校と中学校を合わせて9年間、ＰＢＬを通じて問題発見・問題解決のトレーニングを積む中で、子どもたちは、自分が何か問題にぶつかってもそこから逃げず、「みんなで話し合って解決しよう」といえる前向きな人材に育ちます。

社会にそういう人材が増えていくことによって、世の中はより良い方向に変わるのです。

もう一つ大事なポイントは、ＰＢＬを通じて、子どもたちが自分とは異なる意見や考え方を持つ人たちにきちんと向き合い、相手の話に真剣に耳を傾け、学び合う習慣を身につけさせることです。

こうした議論の基本が身につかないまま、表面的な自己表現力やプレゼン能力、ディベート力などを高めても、一方的な自己主張になるだけで、問題を解決するどころか対立を生むだけに終わってしまうかもしれません。

問題解決型学習は、社会をより良くするためのトレーニング

社会には、私たちがお互いの立場や意見を超えて話し合い、一致点を見出しながら解決していかなければならない問題が数多くあります。

たとえば太陽光発電1つをとっても、安全でクリーンであるという長所がある反面、夜は発電不可能で、天候によって出力や電圧などが不安定である他、施設によって違いはありますが、同じ出力を得るのに水力発電の約5倍、石炭火力発電所の約400倍、原子力発電所の510倍以上という広大な面積（面積50坪、出力3kWのソーラーパネルで、設備利用率15％の場合）が必要という試算もあり、最近、太陽光発電設備の設置による自然破壊や景観への影響などの問題により、各地でトラブ

ルが起きていることも事実です。

小学生にはまだ難しいかもしれませんが、子どもたちが中学生や高校生になったとき、一切のタブーを取り払い、ＰＢＬで太陽光発電の是非について議論してもらったら、太陽光発電を今よりも良い形で活用していくうえで役立つ、新たな発見があるかもしれません。

その意味で、私は原発の問題についても、反対論も賛成論も織り交ぜて、どんどん話し合ってもらいたいのです。子どもたちに、こうした社会問題を自分事として考えさせるトレーニングを行うことで、将来の日本はきっと大きく変わります。

逆に、そういう中で子どもたちは、社会の問題を解決するために、太陽光発電の研究者になりたいとか、政治家になりたい、あるいは人の命を救う医師になりたいといった志を、自分の心の中に育てていくのです。

つまり、ＰＢＬを通じて、自分が何をすべきかという使命に気づくのです。

ですから、ＩＣＴ教育についても、たとえばＡＩがもたらす利点やマイナスの影響について、先生が教える前に、「ＡＩは本当に人を幸せにすると思う?」と子どもたちに聞いてみたらいいでしょう。そして、「ＡＩをうまく使えば、どんな良いことが起きると思う？」と、さらに質問してみるのです。

「会社で書類をたくさん書く必要がなくなる」、「これまで治らなかった病気に効く薬ができるようになる」、「水害や台風、地震などを予知できるようになる」など、さまざまな意見が子どもたちから出てくるでしょう。それを踏まえて、「それらはみんな、人の幸せに役立つことだよね」と教えてあげるのです。

オフィス業務をとっても、ＡＩを活用して合理化を進めていくことで、労働時間が減り、週休３日制が実現するかもしれません。

「そうなったら、空いた時間でみんなはどんなことをする？」

と、私なら聞いてみます。子どもたちにはまだ難しいでしょうから、たとえば社員教育のケースで考えてみましょう。

合理化によって空いた時間に副業をするのは、珍しいことではなくなっていますが、休暇が増えても給料がそれほど減らないのなら、本業以外に仕事を増やしてお金を稼ぐより、ボランティアや社会貢献活動をしようと思う人もいるでしょう。

これまで人がしていたことをＡＩが代わりにやってくれるようになれば、従来60歳まで仕事オンリーの生活を続け、リタイヤ後の「第二の人生」でやろうと思っていたことを、20代、30代、40代、50代から始めることもできるようになるのです。つまり、現役時代から「もう一つの人生」を持ち、充実した時間を過ごすことができるようになるのです。

そういうことを社員に自ら考えさせていけば、人が大事な時間を有効に活用し、幸せに生きるうえで、ＡＩは欠かせないものになることに彼らは気づき、納得してくれるようになるのです。

「教える教育」の時代は終わった

だからこそ、これからの教育は「教える教育」から「気づきの教育」に変わらなければならないと私は思います。

家庭教育でも学校教育でも、答えを教えようとしてはなりません。自ら自分事として考えさせ、気づかせることが、これからの時代に求められる教育であり、子どもたちを気づきに導くことが、これからの教育者の役割なのです。

気づきを得れば、子どもたちは「だから今、先生が教えてくれたことが大切なんだな」、「だからこうすることが正しいんだな」と心底納得できるので、「そうか、そうやって頑張ろう」と力が入り、見違えるように成長していきます。逆に、気づきがないまま「先生のいう通りにしよう」と思っているだけでは、「やらされ感」が先に立ち、一時的に良くはなっても、子どもたちの考え方や行動が根本から変わることはないでしょう。

その意味で、気づきを与えることに教育の本質があり、「教える教育」から「気づきの教育」に変わることが、すべての始まりなのです。

その点では家庭も会社も同じです。家庭教育でも「これは駄目」とか「こうしなさい」と教えるのではなく、企業教育でも社員に社訓や企業理念をただ教えるのではなく、「人としてどうあるべきか」、「会社としてどうあるべきか」ということについて自ら考えさせ、気づかせることが重要なのです。

その意味で、会社であれば、コロナ後あるいは「With コロナ」の時代に組織はどうあるべきかについて、たとえば「テレワークは本当に必要だと思いますか？みんなで話し合ってみてください」と、社員に議論してもらうのもいいでしょう。

「コロナ禍で世の中が大きく変わったから」という程度の理解ではなく、本当に自分事として、テレワークの利点と弊害について考え、気づきを得てもらいたいからです。

私なら「テレワークは必要だ」と答えた社員に、「ではオフィスはもう必要ないと思う?」と聞いてみます。

その社員が「テレワークで十分だと思います」と答えたら、「テレワークに精神的に耐えられず、オフィス勤務に戻った社員をどうケアしたらいいと思う?」と聞いたり、「テレワークで新人指導をしたり、チームのモチベーションを維持するうえで、どんな苦労をしているか教えてくれないか?」と逆質問し、これだけテレワークが普及しても、オフィスに来たほうがスムーズに進む仕事もあることに気づいてもらうのです。

こうした対話を通じて、従来の仕事の進め方だけではもちろんいけないし、テレワークだけでも会社組織はうまく回らない、つまりこれからの時代はオンラインとオフラインのハイブリッドでいかなければならないという方針に、社員は心底納得して行動してくれるようになるでしょう。

「地球益」についても同様です。

たとえば中学生に、「地球益は本当に必要だと思う？ 国益だけで十分ではないかな」と問いかけたら、「国益で十分です」という生徒もいる一方、「地球益を目指さなければ、人類は生存できなくなります」と答える生徒もいるでしょう。

このように、お互いに相容れない真逆の意見に対し、真剣に耳を傾けながら、自分でもよく考え、一致点を模索しながら1つの結論を出すことは、非常に骨の折れる作業です。そういう訓練を積むことによって、子どもたちは精神的にも相当鍛えられるはずです。

繰り返しになりますが、そこで重要なのは、答えを教えるのではなく気づかせること、そして、議論を1つの枠にはめ込まないことです。

加えていえば、PBLにしても、ともすれば授業という限られた時間の中だけで行われ、授業で取り上げたテーマについては自分事だという意識が持てても、それ以外のことは他人事ということにもなりかねません。

「気づきの教育」は、社会の問題を自ら自分事として考える習慣を身につけてもらうためのトレーニングですから、それ以外の問題は「自分は関係ない」と傍観するようではまったく意味がありません。

逆に、世の中に起きている、ありとあらゆる問題について「自分ならこう考え、こう解決しよう」と考え行動できる人が増えれば、社会は変わりますし、これからの教育は、そういう人材を育てることに重きを置く必要があるのです。

若い世代こそ「地球益を目指す、志をもったリーダー」に近づいている

本章の冒頭で、ＡＩの急速な進歩がもたらすシンギュラリティという、人類史上かつてない大激変が目前に迫っていることを挙げました。

もう一つ、親御さんや学校の先生にぜひ気づいていただきたい大きな変化が、今社会に起きつつあります。

それは若い世代の社会貢献意識の高まりです。

今から5、6年前の話になりますが、私は早稲田大学の客員教授を3年間務めま

した。そのときに気づいたのですが、面白いことに、成績優秀な学生ほど、企業や官庁に就職しないのです。実際、卒業後にはアフリカに渡ってボランティア活動をするとか、ＪＩＣＡに入って国際支援にたずさわる、あるいは社会貢献活動を手がけるＮＧＯを自らつくるなど、世の中のために役立ちたい、人々のために尽くしたいと考え、行動を起こしている学生が数多くいました。

大学を1年間休学し、アフリカなどの開発途上国のＮＧＯで働くといった、立派な志を持つ学生も少なくありません。

社会貢献意識の高い若者は、社会人になり、生活のために働いて収入を得てはいても、本音の部分では、お金の問題さえクリアになれば人のために尽くしたい、世界中の貧しい人たちや困っている人たちとともに生きたい、そのために何か自分にできることをしたいと考えているに違いありません。

ある意味で、そういう社会貢献活動が本当にできるようになり、それを通じて喜びを得られるようになることは、人間にとって究極の幸せであり、最高の贅沢なのかもしれません。

ＡＩの急速な進歩によって多くの職がなくなり、ＡＩが人間の知性を超えるシンギュラリティが到来すれば、人は生活のために働く必要は、ほとんどなくなるでしょう。そういう時代に、生活の糧をどうやって得るのかという問題もありますが、その反面、シンギュラリティの時代には、志ある若い世代の人たちが、世のため人のために生きるというライフスタイルを実現できる可能性も大いにあるのです。

今の若者たちのような社会貢献意識を持ち、活動することは、私たちの時代にはとてもできませんでした。

親たちがまだ、会社への高い忠誠心を持ち、家庭を犠牲にすることも厭《いと》わずに働く、いわゆる「モーレツ時代」に生きていて、私たち自身にも高度経済成長期の競争社会に生きた影響が残っています。

ところが、今の若者たちは、親御さんの世代と同様に、かなり豊かに暮らしています。ですから良い意味で、自分の生活よりも、いかに社会に貢献するかを考えられる環境が整っていることが多いのでしょう。中にはそうではない人もいると思いますが、環境さえ許せば、企業などで働くよりむしろ、社会貢献を通じて世のため人のためになることをしたいと考えている若者が、親御さんの世代に比べてずっと多いという感触を、私は抱いています。

ある意味で、私たちの想像以上に、時代は大きく移り変わっているのかもしれません。私たちが日本に先行し、カンボジアのＣＬＡで育成を目指している、「地球益を目指す、志をもったリーダー」に、今の若者たちがいち早く近づいているとさえ感じます。

実際、私が「地球益」について語り出すと、40代を越えるミドル層以上には「それは理想論です」と抵抗感を抱く人もいますし、70代以上になると「俺たちの時代は食っていくことで精一杯だった」となかなか話を聞いてもらえないこともあります。

ところが、小学生、中学生、高校生、大学生といった若い世代のほうが、私の話に真剣に耳を傾け、強く共感してくれるのです。

その意味で、「地球益を目指す、志をもったリーダー」になる素質を持った若い世代が、今、着実に育ち始めていることを、私は実感しています。

日本の若者たちはなかなかのもので、世の中捨てたものではないと思うばかりです。

だからこそ、これから起こる社会や世界の大きな変化を見据え、子どもたちの

「生きる力」を高めるために、日本の教育は変わらなければならないのです。

親御さんが変わり、学校の先生が変わり、経営者も変わり、三位一体となって日本の教育を変えていく。その先に、変わりゆく世界の中で、子どもたちが本当にやりたいことを、自らの力で実現させていく未来が見えてくるはずです。

そういう時代がやってくることが、本当に楽しみでなりません。

あとがき

本書では、「教育がすべてのはじまり」ということを申し上げてきましたが、私は日本という国の教育で世界を変えることができると信じております。

この地球には約78億人の人類と約２００カ国の国々が存在していますが、そこにはさまざまな宗教、文化の違いが存在しています。そのさまざまな宗教、文化の違いを認めることができるのは、多様性を持っている日本であり、地球益という人類の共通の利益を理解し、行動できるのも日本だと私は信じております。

日本では、子どもが生まれたときには神社にお宮参りや七五三に行き、結婚する時には教会で結婚式を挙げ、亡くなったときにはお寺でお葬式を何の疑問もなく行っています。私たちには普通だと思うことですが、世界の人々からは、さまざまな宗教を同時に信じているように見えて、大変奇異に映るのではないでしょうか。世界の大部分の人たちが信じている宗教は一神教です。自分が信じている神様以外の神様は認めないという宗教の違いから、はるか昔からずっと宗教戦争が続いています。またテロの多くが、宗教をベースにした過激な考え方によって起こされています。

しかし日本では万物に神宿るという昔からの教えがあり、すべてのものに対して感謝をし、すべての宗教を認めるおおらかさを持っています。そのような考え方をベースにした教育を広めていくことができれば、宗教の違いはあったとしても、相手を許容することができるようになり、宗教の違いが根本原因で起こる争いはなくなるのではないでしょうか。そしてその教育ができるのは、日本という国だと考えています。

地球は未来の子どもや孫からの預かりものです。預かっている以上は大切にして未来に渡していかなければなりません。そのためにも「今さえ良ければいい」、「自分さえ良ければいい」という考え方を捨て、本当の意味での三方よしを実現しなくてはなりません。私は本当の意味での三方よしを、「自分よし」、「相手よし」、「世間よし」の横三方と、「先祖よし」、「現在よし」、「子孫よし」という縦につながる縦三方であると考えています。この横と縦の三方をきちんと、子どもたちに教育していくことがこれからの地球には必要なことだと考えております。

最近やっとＳＤＧｓという言葉が日本でも定着しつつあると感じていますが、ＳＤＧｓの17の目標の中で、最も重要なのは４番目の目標である「質の高い教育をみんなに」だと考えています。教育をしっかり行い問題解決ができる人材を育てることで、その他の16の目標は達成できると私は信じています。社会の問題を引き起こしているのは人間ですが、解決するのもまた人間です。持続可能な社会をつくるためには教育が不可欠なのです。

教育の最上位の目的は、子どもたちが社会に出たときにしっかりと生きていける力をつけることです。

東京都千代田区立麹町中学校の工藤勇一前校長は６つの力が必要だとおっしゃっています。

1　問題発見・問題解決力
2　試行錯誤しながら続ける力、挑戦する力
3　感情をコントロールする力
4　人を動かし巻き込む力（協働力）
5　ゼロから価値を生む力（クリエイティビティ）
6　情報活用力

私も、これらの力の育成が、子どもたちがしっかり生きていくために必要な学びの本質だと思っています。

そのためには、学校のカリキュラムに関してもこれまでの固定観念を捨て、新しい時代に生きていく子どもたちのために「新しいあたりまえ」に挑戦をしていただきたいと思います。ただしこれは、学校教育だけの問題ではなく、親御さんがしっかりと理解し、家庭での教育にも生かしていくことが必要です。そして、企業経営者においても、社員教育のための最上位の目的は何かということを理解し、最も大

切なことは何かを社員に教えていくことが大切です。

このように学校の現場のみならず、家庭、そして企業が教育に大きくかかわってくるということを理解していただきたいと思います。

教育はすべてを変える力を持っている、「教育はすべてのはじまり」だと私は信じてやみません。教育者の皆さん、親御さん、そして企業経営者の皆さん、未来の地球のために、今の教育を見直してみていただきたいと心から願っています。

最後にこの出版に当たり、お引き受けくださったアチーブメント株式会社の青木仁志会長、担当の森本和樹氏、沼尻真和氏、ジャーナリストの加賀谷貢樹氏、並びにアシスタントの戸田陽子氏のご厚意に心より謝意を表します。

2021年夏

大久保秀夫

〈著者略歴〉

大久保秀夫（おおくぼ　ひでお）

1954年、東京都生まれ。國學院大學法学部卒業。大学卒業後、アパレル関係企業、外資系英会話教材販売会社に就職するものの、日本的な年功序列体質や人を使い捨てにする経営方針に納得できず退社。1980年、25歳で新日本工販株式会社（現在の株式会社フォーバル－東京証券取引所市場第一部）を設立、代表取締役に就任。電電公社（現NTTグループ）が独占していた電話機市場に一石を投じるため、ビジネスフォン販売に初めてリースを導入し、業界初の10年間無料メンテナンスを実施。1988年、創業後８年２カ月という日本最短記録で史上最年少（ともに当時）の若さで店頭登録銘柄（現JASDAQ）として株式を公開。同年、社団法人ニュービジネス協議会から「第１回アントレプレナー大賞」を受賞。その後も、情報通信業界で数々の挑戦を続け、従業員数国内1966名（2021年３月現在）、法人クライアント数10万社、上場会社３社を含むグループ企業32社を抱えるベンチャーグループに成長させた。2010年、社長職を退き、代表取締役会長に就任。会長職の傍ら、講演・執筆、国内外を問わずさまざまな社会活動に従事。カンボジアにおける高度人材の育成を支援する「公益財団法人CIESF（シーセフ）」理事長も務める。さらに、一般社団法人公益資本主義推進協議会代表理事、東京商工会議所副会頭・中小企業委員会委員長なども務めている。『みんなを幸せにする資本主義－公益資本主義のすすめ』（東洋経済新報社）、『在り方』（アチーブメント出版）など著書多数。

世界最高の人材を育てる「気づき」の教育

2021年（令和3年）9月5日　第1刷発行

著　者——大久保秀夫
発行者——青木仁志
発行所——アチーブメント株式会社
〒135-0063　東京都江東区有明3-7-18
有明セントラルタワー19F
TEL 03-6858-0311（代）／FAX 03-6858-3781
https://achievement.co.jp
発売所——アチーブメント出版株式会社
〒141-0031　東京都品川区西五反田2-19-2
荒久ビル4F
TEL 03-5719-5503／FAX 03-5719-5513
http://www.achibook.co.jp
[twitter] @achibook
[Instagram] achievementpublishing
[facebook] https://www.facebook.com/achibook

装　丁——印牧真和
カバー写真——iStock.com/ulkas
編集協力——加賀谷貢樹

印刷・製本——株式会社光邦

　ISBN978-4-86643-104-8